日本語会話における

自慢・愚痴・自己卑下と共感についての研究

共感が
対人関係構築に
果たす役割

釜田友里江

Kurosio
くろしお出版

目　次

第 1 章

はじめに

1. 自慢・愚痴・自己卑下を語る

　本研究は自慢・愚痴・自己卑下の 3 つの語りから共感の特徴を明らかにするものである。これら 3 つは、社会的な規範から考えると積極的に語ることが望ましくない語りである。しかし、日常生活において、私たちは次のように自慢や愚痴、自己卑下を語ることがある。

自慢
　　A：そのネックレス、素敵だね。
→ B：そうでしょ？　今、人気のブランドで入手困難らしいんだけど、
　　　彼が特別に取り寄せて買ってくれたの。

　「自慢」は、語り手にとってはポジティブな経験を語る行為である。聞き手からの賞賛を期待する。しかし、聞き手にとっては、ポジティブな経験として受け止めることができない場合もある。聞き手にとっては、「自慢」が嫌みに聞こえて不快に感じることがある。

愚痴
　　A：最近、バイトどう？
→ B：店長が俺ばっかり怒ってきて、まじ最悪。

　「愚痴」は語り手にとってネガティブな経験を語る行為である。望ましくない事態について嘆くことで、聞き手に同調してもらうことを期待する。語

り手は、聞き手に不快感を与えないように語りながらも相手に同調してもらえるように語る必要がある。しかし、聞き手が「愚痴」に対して同調しにくい場合、困ることがある。

自己卑下

　　A：内定もらった？

→ B：まだ。また落ちて本当に自分はダメだ。

　　　自分ができる仕事なんてない気がしてきた。

「自己卑下」も語り手にとってネガティブな経験を語る行為である。この場合、自分が劣っていることを伝え、「そんなことないよ」と否定的な反応を期待する場合もあれば「そうだね」と肯定的な反応を期待する場合もある。そのため、語り手が否定的な反応と肯定的な反応のどちらを期待しているのか、聞き手が判断できないときがある。それだけではなく、語り手を否定しないように反応を示す必要があり、どのような反応を示すべきか戸惑うこともある。

　以上のように語り手は、自慢・愚痴・自己卑下を語ることで、聞き手に不快感を与える可能性がある。それでも、語ってしまう理由には、認めてほしいという欲求が考えられる。以下に語り手が自慢・愚痴・自己卑下を語る際の聞き手に対する欲求の違いを整理する。「自慢」は聞き手からの賞賛を期待し（賞賛欲求）、「愚痴」は聞き手からの同調を期待している（承認欲求）。「自己卑下」は、聞き手からの否定的な反応または肯定的な反応を期待している（否定欲求・肯定欲求）。

なぜ自慢・愚痴・自己卑下を語るのか

自慢を語る ➡	賞賛欲求
愚痴を語る ➡	承認欲求
自己卑下を語る ➡	否定欲求・肯定欲求

　語り手は、相手に不快感を与える可能性のある自慢・愚痴・自己卑下を語る際に、会話のストラテジーを用いて聞き手を傷つけないように伝えなけれ

ばならない。

　それでは、次に自慢・愚痴・自己卑下の語りを聞いている側について考え
ていく。

2.　共感を示す

　共感は、相手を認めるための 1 つの方法ともいえる。聞いてほしい、認め
てほしいという語り手の期待に応える際に、聞き手が共感を示すのがその 1
つである。しかし、相手に共感を示すということは容易ではない。それぞれ
の語りにおいて、なぜ共感を示す必要があるのだろうか。そこには、相手の
ことを知りたい・理解したいという気持ちや良好な人間関係を保つためなど
が考えられる。

　Wispé（1986）は、共感には他者が何を感じたか内的経験をしたり、相手
に関する模倣をしたりするなど、高度な技術や努力が伴うと述べている。ま
た、互いを理解するうえで非常に重要であるが、その理解があっているかど
うかがわかることは、非常に少ないと指摘している。私たちは相手になんと
か寄り添いたい、気持ちがわかることを伝えたいと思い、共感を示そうとす
ることがある。この積み重ねや営みが、互いのことを知る・理解することな
のではないか。共感は、聞き手から認められたい語り手と語り手を認めたい
聞き手を繋ぐ役割を果たしている。

　しかし、前述した通り、自慢・愚痴・自己卑下に対して反応を示すという
ことは容易ではない。なぜなら、3 つの語りは聞き手に不快感を与える可能
性が高いからである。聞き手は、自慢・愚痴・自己卑下に共感できる場合も
あれば、共感できない場合もある。語り手は、聞き手の協力を得ながら語
りを進めていくことになるが、3 つの語りを適度に収束させていく必要もあ
る。そうでないと、聞き手の反応の負担や不快感が高まることになる。共感
できない場合、共感できなことをそのまま伝えると、相手との人間関係に支
障が生じる。そのようなことを回避するためにも、聞き手は反応を示す際に

調整を行うことが必要である。

　「自慢」は、語り手にとってはポジティブな経験を語る行為である。自分の能力や自分が所有しているもの、また自分と関係する出来事を誇ることで、聞き手に賞賛されることを期待している。そのため、聞き手は語り手が期待している賞賛を示すことで、語り手の賞賛欲求に応じることができる。しかし、その際に賞賛の仕方に工夫が必要である。なぜなら、聞き手自身が語り手の状況を羨むような場合は、「自慢」に賞賛を示すことが困難だからである。そこには、語り手のポジティブな経験と聞き手の経験の対比が生じていることが考えられる。語り手と聞き手の経験の差異は、聞き手が共感的な反応を示そうとする際のジレンマとなる可能性がある。

　「愚痴」は、語り手にとってネガティブな経験を語る行為である。語り手にとって望ましくない事態を嘆いているため、同調してもらえることを期待している。そのため、語り手が期待する同調を示すことで、聞き手は語り手の承認欲求に応じることができる。しかし、聞き手は必ずしも同調できるとは限らない。なぜなら「愚痴」の対象が聞き手にも関係する場合、何らかの影響を受ける可能性があるからである。また、聞き手にとっては、語り手が愚痴として語っている経験は嘆くほどのネガティブな経験ではないと思うこともある。

　「自己卑下」は、語り手にとってネガティブな経験を語る行為である。自分が劣っていることを伝えることで、否定的な反応（そんなことないよ）または肯定的な反応（そうだね）を期待している。そのため、語り手が期待する否定的または肯定的反応を示すことで、聞き手は語り手の否定欲求・肯定欲求に応じることができる。「自己卑下」には自らの能力や性格を含んでいることもあるため、聞き手は語り手の能力や性格を否定しないように慎重に反応を示すことが求められる。

　ここまでのことを整理すると、本研究が着目する自慢・愚痴・自己卑下は、聞き手にとって、語り手を認めたい一方で認めたくないというジレンマに直面する語りである。これらのジレンマを乗り越えながら共感を示すことになるため、語り手への反応に高度な技法が要求される。

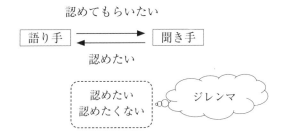

3.　本研究の目的

　本研究は、日本語会話における自慢・愚痴・自己卑下の構造を解明すること
を目的とする。具体的には、自慢・愚痴・自己卑下の3つを共感的な反応から
捉えることにより、語り手が聞き手に期待する反応とその社会的規範の特徴を
明らかにする。これによって、どのようなストラテジーを使えば円滑にコミュ
ニケーションできるかを提案する。

4.　本研究の意義

　私たちは、自分が知らないことや経験したことがない場合においても、相
手に合わせなければならないジレンマ（Heritage 2011, 西阪 2013）や誤解が生
じるリスクを背負いつつ、相手の態度に合わせて反応を示そうとする。それ
は、相手のことを知ろうとすることの表れであり、人間関係を構築する中
で、互いを理解するために重要な営みである。本研究は、会話における共感
的な反応の特徴を明らかにするだけでなく、対人関係構築において共感がど
のような役割を果たしているのか、またその方法も追究する点で独創的な研
究として意義がある。以下に期待できる効果を示す。

(1) 日本語母語話者→誤解の回避に繋がる

　コミュニケーションを円滑に進めることができるようになり、関係を構築
する際の一助となる。共感を示す際の1つの方法として意識するだけでも相
手に寄り添うためのヒントになる。経験と知識は異なる（串田 2001）。相手
の経験について、自分の経験をもとに相手が期待する反応を推測するには限
界もあるだろう。共感を示すプロセスや方法を理解することで、誤解を回避
したり、会話を円滑に進めたりするためのヒントとなる。

(2) 日本語学習者→異文化コミュニケーションに役立つ

　日本語学習者が、日本語母語話者の会話構造の特徴や会話のストラテジーを理解し、意識的に日本語母語話者のように振る舞えるようになれば、会話が滞る、誤解を与えるなどの不要なトラブルを避けられる。

　日本人でさえ、語り手と聞き手の間に齟齬が生じることがある。日本語を母語としない学習者にとっては、なおさら困難である。韓国語母語話者の会話（李 2006）と中国語母語話者の会話（崔 2009）では、相手に向かって「不満」を直接的に伝える傾向がある。一方の日本語母語話者は、はっきりとした不満表明をせず（崔 2009）、間接的な不満にとどめようとすることが指摘されている（李 2006, 牧原 2008）。したがって、韓国語母語話者や中国語母語話者がそのまま母語の会話ストラテジーを用いて日本語で日本語母語話者と会話を行うと、強く非難されたと誤解を与えてしまう危険な行為に繋がる。会話が進まなくなるだけでなく、人間関係に支障が生じる可能性も高い。日本語力だけでなく、人格さえも誤った判断をされてしまう。本書が上記のトラブルを回避するための1つの解決策となると考える。

(3) 外国人就労者→職場での寄り添い方に役立つ

　相手の視点に立って寄り添うことが求められる現場で働く外国人就労者にも、日本語母語話者の共感の示し方などを理解する際に有効的なストラテジーとして役立てることができる。ここでは、外国人介護従事者について考える。日本は近年、高齢化が進み、外国人介護従事者の存在が欠かせない。宮崎・中野・早川・奥村（2017）は、高齢大国日本について 2015 年は高齢者 1 人を現役世代 2.3 人で支える「騎馬戦型」から 2065 年には 1.3 人で支える「肩車型」になると警鐘を鳴らしている。外国人介護従事者は、介護施設の利用者や職場の仲間とのコミュニケーションが欠かせない。共感を示しながら利用者や職場仲間との関係を構築できれば、利用者との信頼関係や職場仲間との連携に繋がっていくと考えられる。一般社団法人シルバーサービス振興会（2019）は、介護職種の外国人技能実習生向けの指導の手引きに「共感」の重要性を述べており、共感について、以下のように説明している。

　　「共感する」ということは、相手の気持ちを理解しようとすることから生まれる感情です。「共感する」体験は介護にとって、とても大切な

ことです。利用者にも家族にも最後までよい人生だった、と思ってもらえる介護を目指すように指導しましょう。

一般社団法人シルバーサービス振興会（2019: 49）

　以上のように、外国人技能実習生向けの指導においても共感するということが欠かせないことであり、介護職において求められる能力の1つであることがわかる。

　筆者は、相手に寄り添おうとする、その試みが重要であると考える。なぜなら、流暢な日本語ではなくても、寄り添おうとする気持ちは伝わるからである。単にことばをかけるのではなく、相手がどのような反応を期待しているのか、どのような共感を示すことが求められているのかを意識することで、相手への寄り添い方も変わってくる。

(4) 指導者→効果的な導入に繋がる

　日本語学習者・外国人就労者の日本語指導者にとっては、寄り添い方などを効果的に指導する際に有用な教材となる。実際の日本語母語話者の会話構造、会話パターンを導入することができる。

5.　本書の構成

　以上、第1章では自慢・愚痴・自己卑下の語りと語りに対する共感的な反応について述べた。また、本研究の目的と意義について論じた。以下、本書は次のように構成されている。

　第2章では、共感に関係する先行研究を取り上げる。まず、同意と共感の特徴に着目し、本研究における共感の定義を示す。その後、共感を示す際のジレンマについて述べる。そして会話の中でみられる共感的な反応についてのこれまでの研究を概観する。自慢・愚痴・自己卑下に対する共感的な反応についての先行研究も取り上げる。

　第3章では、分析の観点と研究方法を紹介する。分析の際に Adjacency pair（隣接対）や聞き手が語り手に合わせて発話をデザインすることについて着目する。研究方法は会話分析の手法を用いる。

　第4章から第6章では、以下のような流れで分析結果を述べる。

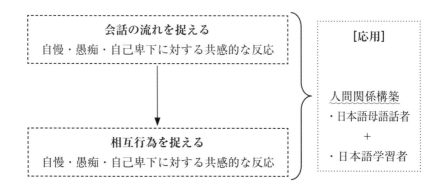

　まずは、会話の流れに注目する。自慢・愚痴・自己卑下に対して共感的な反応を示した後に会話がどのように進んでいくのかを捉える。次に相互行為に着目する。自慢・愚痴・自己卑下を語ることで、語り手は聞き手に何を働きかけているのか、また聞き手は共感的な反応を示すことで何を達成しているのかを取り上げる。会話の流れや相互行為の特徴を捉えることで、人間関係構築や会話教育に応用できると考える。自慢・愚痴・自己卑下に対する共感が対人関係構築に果たす役割を会話のやりとりから示す。

　第4章では、特に、「自慢」に対する共感が対人関係構築に果たす役割についての特徴を述べる。「自慢」の切り出し方や自慢の継続に注目する。良好な人間関係を構築するために、聞き手が「自慢」を促すような共感的な反応を示している場面に着目する。

　第5章では、「愚痴」に対する共感が対人関係構築に果たす役割についての特徴を論じる。具体的には、「愚痴」の継続と終了に着目する。人間関係を維持するために、聞き手も「愚痴」を重ね合わせるような寄り添い方をしている場面に焦点を当てる。

　第6章では、「自己卑下」に対する共感が対人関係構築に果たす役割についての特徴を述べる。特に、繰り返し「自己卑下」が語られる場面に注目する。卑下している語り手を聞き手が尊重するような寄り添い方をしている場面に着目する。

　第7章では、「それな」という表現による共感的な反応の特徴を論じる。「それな」を用いてどのように共感を示そうとしているのか、その方法を探る。具体的には、相手の経験に対して「それな」という表現を用いて共感的

な反応を示している場面を取り上げる。

　第 8 章では、自慢・愚痴・自己卑下に対する共感的な反応の特徴について、まとめる。

　本書で取り上げる会話について、事例の箇所に出典や会話参加者同士の関係などの情報がある。上記の情報がない事例は、作例である。

　なお、本研究における英語の日本語訳は、全て筆者によるものである。

第 2 章

共感的な反応とは？
―これまでの研究における共感発話の特徴―

1. はじめに

　本章の目的は、共感に関する先行研究を示すことにある。語り手の経験に
対する聞き手の共感的な反応について、どのような特徴があるのかをみてい
く。2 節では、これまでの研究における共感の定義を概観する。共感の特徴
を捉えるため、2.1 では同意との比較を行い、2.2 において本研究における
共感の定義を述べる。3 節では、相手の領域とジレンマに焦点を当てる。4
節では、会話の中でみられる共感的な反応について整理する。5 節では、自
慢・愚痴・自己卑下に対する共感的な反応の特徴を取り上げる。また、自
慢・愚痴・自己卑下の特徴についても概観する。自慢・愚痴・自己卑下に関
する先行研究は、各章（4～6 章）でも取り上げる。6 節では、まとめを述べ
る。

2. 共感の定義

　「共感」ということばは、一般的にどのような意味で捉えられているのだ
ろうか。ここではまず、辞書に記されている「共感」を概観する。

　　（Sympathy の訳語）他人の体験する感情や心的状態、あるいは人の主張
　　などを、自分も全く同じように感じたり理解したりすること。
　　同感『－を覚える』『－を呼ぶ』→感情移入
　　　　　　　　　　　　　　　　　　　　　　　　　『広辞苑』第七版（2018: 757）
　　その通りと共に感ずる

　　　　　　　　　　　　　　　　　　　　　　　　『日本語源広辞典』（2012: 289）

①他人の考え・行動に、全くそのとおりだと感ずること。同感
「－を覚える」「彼の人生観に－する」
②『心』[sympathy] 他人の体験する感情を自分のもののように感じること
③『心』[empathy] ⇒感情移入

『大辞林』第三版（2006: 646）

考えや感情に親しみをもって、相手と同じように感じること。
Sympathy 比較　共鳴。用法　－を覚える

『日本語大辞典』第二版（1995: 546）

　共感とは相手と同じように感じることであると、『日本語大辞典』第二版
(1995)、『大辞林』第三版 (2006)、『広辞苑』第七版 (2018) の辞書に共通し
て記載されている。それぞれの辞書の記載を細かくみると、『大辞林』第三
版 (2006) は、sympathy と empathy を区別している。sympathy は他人の体
験する感情を自分のもののように感じること、empathy は感情移入とし、
empathy は sympathy よりも相手の感情に入り込むこととして捉えられてい
る。『広辞苑』第七版 (2018) は、Sympathy の訳語として共感が解釈されて
おり、同じように感じたり、理解したりすることであり、感情だけでなく、
人の主張も対象としている点が特徴的である。
　辞書においては、共感とは、同じように感じたり理解したりすることと捉
えられている。したがって、共感的な反応を示す場合、まずは同じように感
じたり理解しようとしたりする、つまり「相手の感情を認識すること」が最
初の段階であるといえる。そして次の段階において、相手の気持ちや主張を
理解したことを相手に伝える場合、伝えない場合が想定される。
　次に共感の定義に関する先行研究を概観する。これまでの共感の定義は、
研究者によって様々である。特に、心理学の分野を中心に共感の定義につい
て、議論が行われている。梅田 (2014: 4) は、共感をどのように捉えるかに
ついて、他者の感情状態を共有する神経機能を下記の 2 つの要素から述べて
いる。

> **認知的共感 (cognitive empathy)**
> 他者の心の状態を頭の中で
> 推論し、理解する

> **情動的共感 (emotional empathy)**
> 他者の心の状態を頭の中で推論す
> るだけでなく、身体反応を伴って
> 理解する

　認知的共感の場合は、頭の中での推論による理解である。一方の情動的共感は、頭の中で推論をしながら身体による反応が伴う理解である。また、英語表記に着目すると、どちらも「empathy」である。辞書の共感の定義で取り上げた empathy の意味は、相手の感情に入り込むことである。梅田（2014）が示した情動的共感は、相手の感情に入り込むだけでなく、身体反応を伴う点が特徴的である。

　梅田（2014）は、認知的共感と情動的共感の違いについて、以下のように述べている。

> 「認知的共感」は、比較的意図的なプロセスを含んでおり、スイッチにたとえれば、オンオフの切り替えがある程度可能である。たとえば、善人が何の罪もないのに何らかの罰を受けているようなシーンを見せられると、それは不適切であると判断し、いやな気持ちや悲しい気持ちを感じたり、場合によっては、憤りを感じるかもしれない。それはスイッチがオンの状態である。（中略）情報処理の方向性としては、基本的にはトップダウン型の処理であると考えられる。（中略）「情動的共感」のほうは、スイッチをオフにすることは困難である。情動的な共感が生じる背景としては、まずその場の状況に接した時点で自動的に身体が反応してしまい、同時に他者の心の状態を考え、その結果として共感が認識される。情動的共感は、情報処理の方向性としては、基本的にはボトムアップ型の処理であると考えられる。　　　　　　　　　梅田（2014: 4-5）

　梅田（2014）は、共感には、他者の心理的状態の推論が必要であり、それを引き起こす手掛かりとして、身体の反応を前提とする場合が「情動的共感」、身体の反応を前提としない場合が「認知的共感」であると指摘している。この区別は、共感を示す主体の状態を認識する上で重要な区分であると

述べている。

　梅田（2014）の指摘は、本研究において重要な示唆を与えている。なぜなら、語り手と聞き手の発話連鎖の観点から共感の仕組みを分析する際に、認知的共感と情動的共感の2つの要素があることを念頭に置き、共感的な反応を示すまでに段階があることを踏まえて観察することができるからである。その段階とは「他者の心の状態を頭の中で推論する」プロセスを経ることである。つまり、語り手の経験を聞いて、聞き手は単に共感的な反応をしているのではなく、語り手の感情を推論したことを言語化して反映した結果、共感的な反応が生まれたと解釈することができる。

　上記で取り上げた「認知的共感」と「情動的共感」の2つの要素以外に、研究者によっては、共感（Empathy）と同情（Sympathy）を区別して分析を行っている場合もある。以下の表2-1は、共感の定義を本文中で扱っている研究を簡単にまとめたものである。

表2-1　これまでの共感の定義

先行研究	定義
Köhler (1929)	他者の経験を「感じる」ことを重視。 相手と感情を共有することよりも、相手を理解することが重要。
Dymond (1948)	他者についての正確な知覚と同じもの。
Stotland (1969: 272)	観察者が、他者が経験している、または、ある感情を体験しようとしているのを知覚したため、観察者に生じる感情的な反応。
春木 (1975: 4)	「ある人が感情（情動）状態を体験し、それが表出されているとき、それにさらされた他の人が同じような感情状態を体験し、表出するようになること」
Hoffman (1977: 713)	他者に代わって、情動的な反応をする。
Wispé (1986: 318)	共感：相手を理解しようとする試み。 経験に即して他者が何を感じたか内的経験をしたり、相手に関する模倣をしたりするなど、高度な技術や努力が伴う。 互いを理解するうえで非常に重要だが、それ（理解）があっているかどうかがわかることは、非常に少ない。 同情：苦しんでいる他者を見て、それを軽減しようとする意識の高まり。

Redmond (1989)	合意を形成するなど、人間関係構築における基本的な要素。
Eisenberg & Fabes (1990: 132–133)	共感：他者の感情や状態に対する感情的な反応。 他者が感じている感情と同じ感情状態になる。 同情：他者が感じる感情と同様の感情状態であるということではない。
澤田 (1992: 18)	「単なる他者理解という認知過程ではなく、認知と感情の両方を含む過程であり、他者の感情の代理的経験、あるいは、共有を必ず伴う」
Davis (1996: 3–7)	共感：積極的。意図的で知的な努力を伴い、他者の「内部に」入りこもうとする試み。 同情：受動的。他者の情動を観察すると、観察者の中に同じ情動が生み出される。
ホフマン (2001: 5)	自分自身よりも他人の置かれた状況に適した感情的な反応。
梅田 (2014: 6–7)	Sympathy：感情の「共鳴現象」的な側面を意味する。受身的な要素。 これまでの社会心理学的な見解によれば、sympathy は、他者の心の状態とそれに共鳴する受け手の心の状態が異なる。例えば、自分の大切な人が攻撃を受けていて、悲しがっているのをみて、悲しみを感じずに、攻撃している人に怒りを感じる場合、他者と受け手の反応が同じではないことがわかる。 Empathy：「感情移入」的な側面を意味する。能動的な要素。 感情移入：他者と受け手の感情が類似している必要がある。 相手の心の状態を知るための、積極的な手段として考えられてきた。 1900 年よりも前の哲学や心理学での文献では、sympathy という語しか用いられていない。1909 年に感情移入という意味で empathy を心理学者の Edward Bradford Titchener が対応させたことが始まりとされる。

　表 2-1 をみると、Köhler(1929)から Hoffman(1977)までの研究では、共感とは他者の感情や経験から生じる反応であるという点で概ね共通している。その後、Wispé(1986)の定義では、共感は、より積極的で努力が伴うことであるとされている。また、互いを理解するうえで非常に重要であるが、その理解があっているかがわかることは非常に少ないと指摘している。相手への働きかけを伴うことが特徴的であるということが、Davis(1996)の定義

からも窺える。Eisenberg & Fabes（1990）の定義において、共感は相手と同様
の感情状態であり、一方の同情は、必ずしも同じ感情状態である必要はない
とされている。

　これまでの研究をまとめると、共感とは相手の感情や経験に影響され、相
手と類似した感情状態になり、相手の心の状態を知るために積極的な働きか
けを行うことであるといえる。一方、同情は、必ずしも相手と同じ、または
類似した感情状態である必要はない。

2.1　同意と共感

　ここでは、共感の特徴を捉えるため、同意を取り上げる。Pomerantz
（1984: 65–69）は、評価に対して同意を行う場合に、以下の3つの特徴があ
ることを挙げている。その特徴とは、最初に評価を行った話者の評価を基準
とし、評価に対して同意を行っている話者の評価表現の程度を3つに分類し
たものである。

Pomerantz(1984) による同意の特徴

Upgrade 格上げ

| J: | T's- tsuh beautiful day out isn't it? | 良い天気だね？ |
| → L: | Yeh it's just gorgeous... | 素晴らしい天気 |

Jは天気が良いと評価をして、Lに同意を求めている。Lは素晴らしい天
気であると述べている。天気という同じ評価対象に対してLはJの評価
よりも高めて同意をしている。

Same evaluate 同じ評価

C:	... She was a nice lady - - I liked her
	彼女は素敵な女性だった - - 私は好きだった
→ G:	I liked her too　　私も彼女が好きだった

Cは人物を素敵な女性と評価をしている。Gも、彼女が好きだったとC
と同じ評価をして同意をしている。

Downgrade 格下げ

	G:　That's fantastic	それは素晴らしい
→	B:　Isn't that good	それは良いね
	G:　That's marvelous	それは素晴らしい

G は素晴らしいと評価をし、それに対して B は良いと評価している。つまり、B は G の最初の評価の程度を下げて同意をしている。

　格上げ（Upgrade）が最も強い同意を示し、格下げ（Downgrade）が最も弱い同意である（Pomerantz 1984）。同意は、最初に評価を示した発話者の評価が基準となっている。共感的な反応を示す場合も、語り手の発話が基準となっている。しかしながら、同意を示すことと、共感を示すことでは異なる点が大きく 2 点ある。

　1 つ目は、なにに同意をするか、共感を示すかということである。例えば、「明日の待ち合わせは 12 時でいい？」という発話に対して「いいよ」という反応は、明日の予定（待ち合わせ時間）を決めることに対する同意である。一方の共感的な反応は、語り手の経験、それに伴う感情に対する反応である。例えば「昨日、振られちゃったの」という発話に対して「大変だったね」と反応する。「大変だったね」という反応は、大きく捉えると語り手の経験に対して「大変だ」と聞き手が判断したものである。上述した待ち合わせの時間について、聞き手は都合が良い・悪いなどと反応を示すことができる。しかし、語り手の経験に対して「大変だったね」という反応は、良い・悪いなどの観点から反応したものではない。つまり、語り手の経験、感情に対して良い・悪いなどの判断から反応を行うことができないのが、共感的な反応である。語り手の固有の経験であるため、語り手がどのような経験として語っているかを聞き手は、慎重に汲み取る必要がある。

　2 つ目は、反応の程度についてである。同意の場合、「格上げ」によって強い同意を示すことができるが、共感的な反応を示す場合に、必ずしも「格上げ」が強い共感を示すことになるとは限らない。それは、語り手が自らの経験をどのような経験として、聞き手に聞いてほしいかに依存するからである。Pomerantz（1984）の同意を示す場合の「格上げ」、「同じ評価」、「格下

げ」の3つの特徴は、共感的な反応を示す場合と必ずしも一致するとは限らない。しかし、Pomerantz（1984）の指摘は、語り手の経験の語り方や聞き手に期待する反応を観察する際の一つの手掛かりとして本研究に重要な示唆を与えている。

2.2　本研究における共感の定義

　ここまでで概観した先行研究を踏まえて、本研究における共感の定義を示す。前述した通り、Wispé（1986）は共感を示すことは、相手を理解しようとする試みであり、自らが示した理解があっているかどうかわかることは少ないと指摘している。この点は、本研究において重要な指摘であると考える。つまり、理解しようとする試みが共感の特徴だということである。また、共感を示そうとする際に、聞き手は、慎重に語り手の語りに耳を傾ける必要がある。なぜなら、語り手の固有の経験であるためである。自分が経験したことのないことであったり、たとえ経験したことであっても、全く同様の経験ではなかったりする。したがって、語り手への寄り添いは容易ではない。まさに、意図的で知的な努力によって他者の「内部」に入りこもうとすること（Davis 1996）なのである。本研究で考える共感とは、語り手の考えや気持ちが明確に表明されていない場合においても、聞き手は語り手の気持ちを汲み取り、期待に添おうとする態度を表明することであると考える。本研究では、共感を以下のように定義する。

本研究における共感の定義

　相手の考えや気持ちを理解して、相手の期待に添おうとする態度

3.　共感を示す際のジレンマ

　本節は、共感的な反応を示す際に生じるジレンマについて取り上げる。

　相手の経験を聞いた際に、聞き手は、どのような反応が期待されているのかを語り手の発話から汲み取る必要がある。しかし、自分が経験していないことについては、相手の気持ちを汲み取り、期待する反応を示すことが困難になる。それだけでなく、自分の置かれている状況や立場についても考える必要が出てくる。上記の要因から、共感を示すことがふさわしいのか、また

は聞き手役に徹するべきなのかなどのジレンマが生じる場合がある。このように共感的な反応を示す際の「ジレンマ」は共感の仕組みを解明する中で重要なポイントとなる。

　共感を示す際に生じるジレンマについて、Heritage（2011）は以下のように説明している。

> 特に語り手が強い感情（喜び、痛み、楽しさ、悲しみ等）を伴う実体験を語るとき、語り手は体験の主観的価値判断と意味を聞き手に受け入れてもらい、スタンスを語り手側に引き付けようと聞き手を取り込み、会話を進める傾向が強い。
> しかしながら、聞き手にとって共感するタイミングにおいてジレンマが生じる。なぜなら、聞き手は体験の当事者ではなく、また実体験を知り得る機会に恵まれず、ときには体験を感情的に想定する材料さえ全く与えられないときに、共感することを求められているからである。
>
> Heritage（2011: 160-161）

　共感を示すことが期待されている場面において、聞き手はジレンマを背負いながらも相手に合わせようとする。しかし、Heritage（2011）が指摘している通り、聞き手は実際に語り手と同じ体験をしていない場合においても共感を求められることがある。このようなジレンマに直面しながらも、私たちはなんとか相手に寄り添おうとする。このような試みは、努力が伴う（Wispé 1986, Davis 1996）。西阪（2013）は、2011 年に起きた東日本大震災、及び福島第一原子力発電所事故によって避難を余儀なくされた人々と、現地の、または日本の各地から福島県を訪れた足湯ボランティアたちとの会話に焦点を当てている。ボランティアに携わる人が、被災者から厳しい体験を聞き、どのように応えていいかわからなかったことについて取り上げている。西阪（2013）は、このような困惑の背景には、相手が語ったことをどう受け止めるべきかに関する一般的な困難があることを指摘している。Heritage（2011）が指摘しているジレンマを踏まえて西阪（2013）は、以下のように説明している。

　辛い経験が語られたとき、私たちは、それに心からの共感を示したいと

思う。が、自分が経験したことのないような辛い経験に対して、相手に
受け入れてもらえるような（白々しくない）共感を示すことはできるの
だろうか。反対に、ありふれた経験が語られたのであれば、自分の経験
と容易に引き合わせて共感を示すことができるだろうけれど、それは
しょせんありふれた経験だから、心からの共感を表すことが期待されて
いるとはかぎらない、と。つまり、ほんとうに共感を必要としているよ
うな発言にかぎって、それに対する共感を示すのが難しい、というジレ
ンマである。
西阪（2013: 113–114）

　西阪（2013）が指摘している通り、まず、自分が経験したことのないよう
な経験に対して相手に受け入れてもらえるような共感を示すことができるの
かという問題がある。次に、ありふれた経験に対して心から共感を示すこと
が期待されていない場合もあるという問題がある。
　自分が経験したことのないような経験とありふれた経験のどちらも、語り
手が期待する共感を示すことは容易ではない。なぜなら、ありふれた経験に
みえるものでも、語り手にとっては特別な経験であり、特別な経験として聞
き手に共感を示してほしいと考えている場合もあるからである。
　共感を示す際に生じるジレンマについて、Heritage（2011）と西阪（2013）の
指摘を整理すると①道徳的な判断、②相手の経験と自分の経験、③立場が関
連していると考えられる。

　まず、①の道徳的な判断について述べる。
　ホフマン（2001）は道徳的な判断に関して以下のように述べている（太字は
原文ママ）。

　誰かが（身体的・情動的・経済的に）痛がっていたり・苦しんでいたり
するのを見ているという**罪のない傍観者**の場合である。その相手を助け
るか、助けなかったときにはどう感じるかが、この際の道徳的論点であ
る。
ホフマン（2001: 4）

　ホフマン（2001）の指摘から、私たちは相手が何を望んでいるかを汲み取
りながら道徳的な判断によって自らの振る舞いを決定していると考えられ

る。

　本研究で取り上げる自慢・愚痴・自己卑下の語りにおいて、以下のような
ジレンマが生じることが考えられる。まず「自慢」を語る場合、褒めてもら
いたいと考える一方で、傲慢な人だと思われるのではないかというジレンマ
を抱える。それを受けた聞き手には、賞賛を示すべきなのか、またはたとえ
自慢の内容が心地良いと感じられなくても、賞賛を示すべきなのかなどのジ
レンマが生じる。「愚痴」を語る場合、語り手は自分が望ましくない状況で
あることを聞き手に理解してほしいと考える一方で、同情を誘っている人だ
と思われるのではないかというジレンマを抱えることになる。それを受けた
聞き手には、同調すべきか、または同調できない場合においても同調すべき
かなどというジレンマが生じる。「自己卑下」を語る場合、語り手は自分の
弱点や短所を語ることで聞き手から否定的・肯定的な反応が得られることを
望む一方で、同情を期待している人だと思われるのではないかというジレン
マを抱えることになる。それを受けた聞き手には、語り手の能力や経験に直
接関わることを否定するべきか、肯定するべきか、または語り手の能力につ
いて評価をする立場にない、評価するべきではないなどというジレンマが生
じる。以上のように、語り手と聞き手は、それぞれジレンマを抱えながらも
相手に合わせようとすることが考えられる。

　次に②相手の経験と自分の経験、③立場について述べる。串田 (2001) は
経験について以下のように指摘している。

　　知識は話し手と同じような形で聞き手によっても「所有」されうるが、
　　経験はそうではない。知識は教えればわかるが、経験は経験してない者
　　にはわからない　　　　　　　　　　　　　　　　　　　串田 (2001: 215)

　串田 (2001) の指摘からもわかる通り、知識は教えればわかるが、経験に
ついては経験していない者にはわからない。しかしながら、私たちは相手が
経験したことを自分の経験に引き付けて考えたり、想像を働かせたりするこ
とで相手を理解しようとすることができる。自分も同じような経験をしたこ
とがある場合、当時の状況や心境を思い出しながら相手の話に耳を傾けるこ
とが可能である。相手が経験したことを自分は経験したことがない場合や全
く見当もつかない経験の場合など、その状況を想像することや相手の気持ち

を推測することが困難な場合もある。しかし、それでも私たちは相手に合わせながら、相手の感情を汲み取り、心情を察しようとする。そこには、相手を「認めること」が関係している。

　共感を示すことは、同時に相手を認めることでもある。大坊（2012）は会話における同調傾向について以下のように述べている。

　　コミュニケーションの過程では、相手が自分の発言をどう受けとったのかを知ることによって、後の発言は大きく影響される。発言することは自分の意図を相手に伝えるということにとどまらず、前提として相手の存在を認めることであり、相手との関係を継続する意志のあることを示すものである。自分の発言に対して相手が応じてくれることは、嬉しいことであり、そのような行動は、相互に促進されるものとも言える。このように社会的受容、承認に結びつくコミュニケーション行動として、同調傾向を挙げることができる　　　　　　　　　　　大坊（2012: 54–55）

　大坊（2012）が指摘している同調傾向は、本研究で考える共感を示すことと同様であると考える。日常生活の様々な場面において私たちは共感を示している。例えば、友人が辛い思いをしたと語っているときに涙を一緒に流したり、兄弟の大学合格や友人の結婚の報告を聞いて一緒に喜んだりすることがある。他者のポジティブな経験、ネガティブな経験を聞いて、聞き手は想像して他者の気持ちを感じたり、その場面を思い浮かべたり、他者の立場になって考えたりする。なぜ、私たちは経験を語るのか、その経験の語りに対してなぜ共感を示そうとするのか。そこには、語り手は聞き手に「認めてほしい」、聞き手は語り手を「認めたい」という欲求があると考える。例えば「自慢」の場合は長所を「認めてほしい」という欲求があり、愚痴・自己卑下の場合は望ましくない立場にあることを「認めてほしい」という欲求が生じているのではないか。一方の経験を聞いている側は、語り手の状況や気持ちを汲み取り、「自慢」に対しては褒めたり、「愚痴」に対しては望ましくない状況であることに同調したり、「自己卑下」に対しては否定や肯定したりすることで、語り手を「認めよう」としているのではないか。

　以上のように語り手は聞き手に認めてもらうために、まずは自分の気持ちを聞き手に汲み取ってもらえるように経験を語る。一方の聞き手は、語り手の期

待を受け止め、語り手が期待する反応を適切に示そうとする。しかし、語り手の期待通りの反応を示すことは容易ではない。聞き手は、語り手の期待を誤って読み取り、反応をすると語り手を傷つけたり、否定したりするリスクを抱えることになる。また、どのような立場から反応を行うことが期待されているかについても、聞き手は汲み取る必要がある。したがって、聞き手は語り手を認める際に「自分と相手」の立場などにも考慮しながら反応を示すことになる。

　ここまでの議論を整理する。共感的な反応を示す際に生じるジレンマとして考えられる 3 つの要素に着目した。1 つ目は道徳的な判断である。例えば、目の前で悲しんでいる友人に対して、どのように振る舞うべきか、何もしなかった場合にどのように感じるかという観点である（ホフマン 2001）。2 つ目は経験、3 つ目は立場である。経験は経験していない者にはわからず（串田 2001）、聞き手は経験の当事者ではなく、ときには経験を感情的に想定する材料がない場合においても共感を示すことが期待される（Heritage 2011）。しかし、本当に共感を必要とするような発言にかぎって、それに対する共感を示すのが難しい（西阪 2013）。また、聞き手は自分と語り手の立場も考慮しながら共感を示しているのではないか。ジレンマを以下の図 2-1 にまとめる。

図 2-1　共感を示す際に生じるジレンマ

　最後に、相手の経験、大きく捉えると相手の領域に踏み込むことについて論じる。

　ここまで、自らの経験を語ることで「自分を認めてほしい」という欲求があり、それを聞いている側も「相手を認めたい」という欲求が想定されることを述べた。このように語り手は聞き手に認めてほしい、聞き手は語り手を認めたいと考えるのは、「自分は自分」という考えではなく、「自分と相手」

という考え方が根底にあることが考えられる。このような考え方が生じるのは、相手を知りたい、理解したい、相手と繋がりたいと考えたり、関係を築きたい、保ちたいと考えたりすることの表れではないか。相手と関係を構築したいという欲求が生じることで「相手の領域に踏み込む」ことの動機となり、共感が創り上げられていく。しかし、ここで問題となるのは、相手を認めようとする際に、どこまで相手の領域に踏み込むかということである。語り手はどこまでの関わりを聞き手に期待しているのか、また聞き手はどこまで語り手との関わりを期待しているのか。これらのバランスを互いにうまく合わせることが必要である。例えば、恋人に振られたことを報告する際に、語り手は励ましてほしいと考えている場合もあれば、別れて良かったと言ってほしいと考えている場合もある。一方の聞き手は、語り手にとって悲しい出来事であるため励ましたいと考える場合もあれば、何も言わずに聞き役に徹することで悲しみを共有したいと考える場合もある。つまり、どこまで相手の領域に踏み込むかは、語り手や聞き手が一方的に判断するのではなく、語り手と聞き手の両者によって、その都度、調整しながら決定付けられていくことが考えられる。

　本研究では、相手に認められること、相手を認めることと相手の領域に踏み込むことが密接に関係しているという視点から、共感の仕組みを明らかにする。

4.　会話の中でみられる共感的な反応

　ここでは、会話の中でみられる共感的な反応に関するこれまでの研究を概観する。

　田中（2002）は、友人同士の雑談において、相手の心情に共感を示す際の特徴を述べている。相手の心情に賛意を示す場合と相手の心情を推測して確認する場合があることを指摘している。両者は相手の心情に共感を示しているが、相手の心情を推測した後が異なる。相手の心情を推測し、その理解が正しいかどうかを確認する場合としない場合である。田中（2002）は、相手の心情に共感を示す際の特徴を以下のように分類している。

①相手の心情に賛意を示す

　相手の心情を理解し、それに対する賛意を積極的に示すことで共感を表す。

相手の心情を推測しただけで、実際に正しく理解しているかどうかを<u>確認</u>
<u>しない</u>。

②相手の心情を推測して確認する

相手の心情を推測し、言語化することで、その推測が正しいかどうかを<u>確</u>
<u>認する</u>。

　①と②の特徴を、それぞれ事例に沿って概観する。まず①の事例をみる。

(1)［以前、バスの中で高校生がマスカラについて話していたという話］
G1：あたしその時マスカラってもんが何か知らなくてー，ほんとに知らな
　　　＝かった，
H2：＆ <u>わかる，わかる</u>。
G3：ほんとに知ら＝なかった
H4：＆<u>その気持ちよくわかる</u>。んん。

田中 (2002: 56)[1]

　この事例のGとHは、19歳の大学生（女性）で、サークル仲間である。
G1のマスカラについて知らなかったという発話に対してH2、H4で「その
気持ちがわかる」と相手の心情に賛意を示している（田中 2002）。
　次に②の事例をみる。

(2)［Gが祝日に靴屋のアルバイトをした話］
H1：いっぱい来るでしょ？ 家族連れで。
G2：そう，すごかったよもう子供ギャンギャン泣き騒いでてさもううるさ
　　　いのって何のって。
H3：<u>靴を倒すなーみたいな？</u>
G4：（笑）そう。

---

[1]　トランスクリプトの記号の意味（田中 2002: 51–52）
　　［ ］話題に関する説明。　下線　田中 (2002) で注目する聞き手の発話。
　　＝／＆　オーバーラップ開始部。＝は先行発話に、＆は後続発話に記す。

　H3 において「靴を倒すなー」と G の心情を代弁し、「みたいな?」と推測が正しいかどうかを確認している (田中 2002)。

　筒井 (2012) も相手の心情を先取りして共感を示すことがあると指摘している。

(3) [妹が老後のことを気にしているので驚いたという H の話の後]

01G : そっか:でもあたしもさ:もう最近,		情報提供(概要)
02G : .hh ん:なんかちょっと先のことを考えるかな:だ [からそれこそ,		情報提供(概要)
03H : 　　　　　　　　　　　　　　　　　　[↓えっ↓何↓考↓え↓て		継続支持
04 　: (h)ん(h)の(h)? [hhhhhhh.hh hhh		継続支持
05G : 　　　　　　[↑そ↑れ↑こそ老後プランじゃないけど:,=		情報提供(詳細)
06H : = うん.=		
07G : = う:んなんか,		情報提供(詳細)
08H : うん.		
09G : あ (.) このまま歳い-(.) いったらどうしよう:みたい:[な:=		情報提供(詳細)
10H : 　　　　　　　　　　　　　　　　　　　　[hhhh		
11G : = でそん時に (.)[に-困らへん:::(.)ように:?		情報提供(詳細)
12H : 　　　　　[ん.		
13H : うんうん.		
14G : するにはどう s-したらいいんやろうとか:, .hh なんか:,		情報提供(詳細)
15H : う [ん.		
16G : [>m 前は< ↑さ↑んじゅう (.) 前まではいっさい考えれんかったけ [ど:その,		情報提供(詳細)
17H : 　　　　　　　　　　　　　　　　　　　　　　　[うん.		
18 　(0.3)		
19H : [[(　)		
20G : [[20 代の頃は [ね:?		情報提供(詳細)
21H : 　　　　　[うん.		
22G : う:んでも:30 代に入ってからかな:, .hh なんかちょっとずつそういうのも,		情報提供(詳細)
23H : うん.		
24G : [[考え-		情報提供(詳細)

　　　[ ] 話題に関する説明。　　下線　田中 (2002) で注目する聞き手の発話。
　　　(笑) 笑い声　　　　　　　 ?　　疑問を表す上昇調のイントネーション

22G：う：んでも：30 代に入ってからかな：, .hh なんかちょっとずつそういうのも，　　**情報提供（詳細）**

23H：うん.

24G：[[考え -　　　　　　　　　　　　　　　　　　　　　　　　　　**情報提供（詳細）**

25H：[[うん将来を,　　　　　　　　　　　　　　　　　　　　　　　**理解**

26G：そう s- そうそうそうやっぱ先のこととかもな: ?.hh なんか,　　**情報提供（詳細）**

27H：ふ:: ん.　　　　　　　　　　　　　　　　　　　　　　　　　　**理解**

28G：うん [考えて,　　　　　　　　　　　　　　　　　　　　　　　**情報提供（詳細）**

29H：　　　[不安になるよね. =　　　　　　　　　　　　　　　　　　**共感**

30G：= 不 [安になる. = う [::::::: ん.　　　　　　　　　　　　　　　**心情の表明**

31H：　　　[hhhh　　　　　[あたしもすごい不安になる [わ.　　　**共感**

32G：　　　　　　　　　　　　　　　　　　　　[う :::: ん. = で,

33H：う :[: ん.

筒井 (2012: 149 – 150)[3]

---

[3]　トランスクリプトの記号の意味（筒井 2012: 346 – 347）
『社会言語科学』第 10 巻第 2 号で特集「相互行為における言語使用：会話データを用いた研究」が組まれた際に掲載されていた記号一覧からの抜粋であると述べている。

[　　　複数の参与者の発する音声が重なり始めている時点は、角括弧（[）によって示される。

[[　　　2 人の話し手が同時に発話を開始するとき、それは、特に 2 重の角括弧（[[）によって示される。

( )　　　聞き取り不可能な箇所は、( ) で示される。空白の大きさは、聞き取り不可能な音声の相対的な長さに対応している。

(.)　　　0.2 秒以下の短い間合いは、( ) 内にピリオドを打った記号、つまり (.) という記号によって示される。

=　　　　2 つの発話が途切れなく密着していることは、等号（=）で示される。

言葉：：直前の音が延ばされていることは、コロンで示される。コロンの数は引き伸ばしの相対的な長さに対応している。

言 -　　言葉が不完全なまま途切れていることは、ハイフンで示される。

h　　　　呼気音は h で示される。h の数はそれぞれの音の相対的な長さに対応している。

.h　　　　吸気音は .h で示される。h の数はそれぞれの音の相対的な長さに対応している。

言 (h)　　呼気音の記号は、笑いを表すのにも用いられる。とくに笑いながら発話が産出されるときそのことは、吸気を伴う音のあとに (h) または h を挟むことで示される。

言葉　　音の強さは下線によって示される。

言葉：強勢のおかれた場所は音が高くなりがちである。発話の区切りなどで音が少し高められたあと、すぐにもとの高さに戻るといったことが、しばしば観察される。このような発声は、最後の音を表す文字に下線を引き、そのあとに下線の

　筒井 (2012) は、事例 (3) について以下のように述べている。G が「やっぱ先のこととかも」「考えて」(26、28 行目) と言ったところで、H は「不安になるよね.」(29 行目) と、G の心情を先取りして共感を示し、G は、先取りを受けて「不安になる.」と、改めて自らの心情を表明し、H が先取りした発話を受け入れている。H の共感発話 (29 行目) は、単に G の心情を先取りしているだけでなく、「よね」と確認している点から、田中 (2002) の②に相当すると考えられる。

　本研究では、共感を示す際にその理解が正しいかどうか確認している場合と、確認していない場合のどちらもみていく。その理由は、どちらの場合も語り手が期待する反応を示そうとしているからである。また、これまでの研究では、どのように共感的な反応を示しているか、聞き手の発話に焦点が当てられてきた。しかし、語り手がどのような反応を期待して経験を語っているかにも注目する必要があると考える。

　共感的な反応を示す際の技法に関する研究に Heritage (2011) がある。Heritage (2011) は、共感的な反応を会話相手の知識や経験の領域の観点から分析している。語り手は、聞き手が同じ経験をしていない状況においても利用可能なリソースの一部を述べることで、聞き手に共感的な関与を促進することができると指摘している。

　　評価を行うことについて、出来事や活動、感覚などは、人がそれらを経験すると、評価することの権利を与えられ、経験が共有されると、評価を共有することが可能になる　　　　　　　　　Heritage (2011: 160)

以下では、相手の領域に関わると考えられる Heritage (2011) の共感を示す

	ない「引き延ばし」記号 (:) を付すことで示される。
., ?	語尾の音が下がって区切りがついたことはピリオド (.) で示される。音が少し下がって弾みが付いていることはカンマ (,) で示される。語尾の音が上がっていることは疑問符 (?) で示される。
↓ ↑	音調の極端な上がり下がりは、それぞれ上向き矢印 (↑) と下向き矢印 (↓) で示される。
> <	発話のスピードが目立って速くなる部分は、左開きの不等号と右開きの不等号で囲まれる。

際の技法を取り上げる。

[Parallel assessments]　パラレル（相当）評価

　Parallel assessments（パラレル（相当）評価）とは、「語り手が語った経験に対して、聞き手が経験を特定せずに、似たようなことを述べることである。これらの評価は、報告された語り手の経験に、直接的に関与することなく、「My side」（私の側）の評価として支持したり、語り手が述べたことへの「second」（2 番目）を表明したりすることである」と Heritage（2011: 68）は述べている。以下の事例の発話者の名前について、Dia は Dianne、Cla は Clacia のことである。

（4）[Goodwin and Goodwin 1987: 24]

1	Dia:	<u>Jeff</u> made en asparagus pie	ジェフはアスパラガスパイを作ってくれた
2		it was s:::<u>so</u> [: <u>goo</u>:d.	それはとても美味しかった
3	Cla: →	[I love it. °Yeah I love [tha:t.	それ大好き。あれが大好き
4	Dia:	[<<u>He</u> pu:t uhm,	彼は

Heritage（2011: 168 の事例（11））[4]

---

[4]　トランスクリプトの記号の意味（Stivers, Mondada & Steensig 2011: xiv–xvii）

[　　Separate left square brackets, one above the other on two successive lines with utterances by different speakers, indicate a point of overlap onset, whether at the start of an utterance or later.

= 　　Equal signs ordinarily com in pairs – one at the end a line and another at the star of the next line or one shortly thereafter.

/ 　　A single slash indicates embodied action that coincides with talk.

(0.5) 　　Numbers in parentheses indicate silence, represented in seconds; what is given here in the left here in the left margin indicates second of silence.

. 　　The punctuation marks are not used grammatically, but to indicate intonation.

? 　　The period indicates a falling, or final, intonation contour, not necessarily the end of a sentence. Similarly, a question mark indicates rising intonation, not necessarily a question,

, 　　and a comma indicates slightly rising intonation, not necessarily a clause boundary.

- 　　A hyphen after a word or part of a word indicates a cut-off or self-interruption.

:: 　　Colons are used to indicate the prolongation or stretching of the sound just preceding

「3行目のClaciaの応答は、時制のシフトをし、また2行目のitをthatに修復して評価を繰り返している。ここでは、直接、経験していることよりもむしろ彼女もまた、アスパラガスパイが好きであることを明確にしている」とHeritage(2011: 168)は指摘している。

[Subjunctive assessments] 仮定法的評価

Subjunctive assessments(仮定法的評価)とは、Parallel assessmentsと関連しており、もし自分が語り手が述べた経験と同じ経験をしたとしたら、同じように感じるだろうと聞き手が共感を示すことを試みることであるとHeritage(2011)は指摘している。

---

	them. The more colons, the longer the stretching.
word	Underlining is used to indicate some form of stress or emphasis, either by increased loudness or higher pitch. The more underling, the greater the emphasis.
°	The degree sign indicates that the talk following it was markedly quiet or soft.
° °	When there are two degree signs, the talk between them is markedly softer than the talk around it.
∧	The circumflex symbol indicates a rise in pitch.
|	The pipe symbol indicates a fall in pitch.
< >	Used in the reverse order, they indicate that a stretch of talk is markedly slowed or drawn out.
<	The "less than" symbol by itself indicates that the immediately following talk is "jump-started", i.e., sounds like it starts with a rush.
hhh	hearable aspiration is shown where it occurs in the talk by the letter "h" – the more h's, the more aspiration. The aspiration may represent breathing, laughter, etc.
(hh)	If it occurs inside the boundaries of a word, it may be enclosed in parentheses in order to set it apart from the sounds of the word.
.hh	If the aspiration is an inhalation, it is shown with a period before it.
(( ))	Double parentheses are used to mark transcriber's descriptions of events, rather than representations of them. Thus ((cough)), ((sniff)), ((telephone rings)), ((footsteps)), ((whispered)), ((pause)) and the like.
(word)	When all or part of an utterance is in parentheses, or the speaker identification is, this indicates uncertainty on the transcriber's part, but represents a likely possibility.
BOLD	In different chapter. They may indicate an embodied action or the focal phenomenon, and in chapters relying on languages other than English, they may indicate the original language.

(5)

1 Dia: <u>Jeff</u> made en asparagus pie　ジェフはアスパラガスパイを作ってくれた

2　　:　it was s:::<u>so</u> [: <u>goo</u>:d.　　それはとても美味しかった

3 Cla:　　　　　　　[I love it. ˚ Yeah I love [tha:t. それ大好き。あれが大好き

4 Dia:　　　　　　　　　　　　　　　[<<u>He</u> pu:t uhm, 彼は

5　　:　　(0.7)

6 Dia: Tch! Put crabmeat on th'bo::dum.　　蟹の身ものっていた

7 Cla: Oh:[::.　　　　　　　　おぉ

8 Dia:　　[(Y' know)/(Made it) with <u>chee</u>::se,=　それにチーズものっていて

9 Cla: =[˚ Yeah. Right.　　　　　そう、そう

10 Dia:　=[En then jus'(cut up)/(covered it with) the broc- 'r the

11　 :　asparagus coming out in spokes.=

12 Dia: → =˚ It wz <u>so</u> good　　　　それはとても美味しかった

13 Cla:　˚ Right.　　　　　　　そう

14 Cla: → ˚˚(<u>Oh</u>: <u>Go</u>:d that'd be fantastic.)　あれは最高にちがいない

Heritage(2011: 169–170 の事例(13))[5]

　Heritage(2011)は上記の事例について、以下のように説明している。
Dianne は、4 行目から 11 行目にかけて、Jeff が作ったアスパラガスパイの
特別な特徴をいくつか述べ、12 行目でアスパラガスパイに対する評価をし
ている。そして、14 行目で Clacia が仮定的な表現を示しながら、upgrade
(格上げ)をするかたちで反応している。Clacia は、アスパラガスパイを食べ
た経験が欠如している状況の中でも、2 つ目の仮定法的評価を行う権限が与
えられている。

　このように、応答者は直接、または似ている経験が明らかに欠如していて
も、相手に合わせることが必要とされる状況に置かれていることに気づき、
合わせながら応答を行うことは、重要な取り組みである(Heritage 2011)。

　Kuroshima & Iwata(2016)は、特定のトラブルが語られた際に、聞き手
は、自らの似た経験を引き合いに出すことで共感的な反応を示そうとするこ
とがあると指摘している。

5　トランスクリプトの記号の意味は脚注 4 と同様である。

5. 自慢・愚痴・自己卑下に対する共感的な反応

本節では自慢・愚痴・自己卑下に対する共感発話に関連するこれまでの研究を概観する。その目的は自慢・愚痴・自己卑下のそれぞれの語りの特徴を整理し、本研究で目指す共感発話の連鎖の特徴を体系的に捉える際の手掛かりを得るためである。

5.1 「自慢」に対する共感的な反応

まず、「自慢」に対する共感発話についての先行研究を概観する。「自慢」は、自分自身で優れていることを誇ることもできれば、他者が賞賛を行い、それに応えることで、はじめて「自慢」になる場合もある。例えば以下のような場合である。

＜自身による自慢＞
Ａ：私、実は昔オリンピックでメダルを取ったことがあるの
Ｂ：え、すごいね

＜他者に促された自慢＞
Ｂ：この前、友人から聞いたんだけど、Ａさんは昔オリンピックに出場して
　　メダルを取ったって本当？
Ａ：そうなの
Ｂ：え、すごいね

上記の「自身による自慢」の事例は、自分の経験を誇っている場合である。「他者に促された自慢」の場合は、Ｂの発話に対してＡが肯定的な応答やＢの発話を受け入れることで、はじめて「自慢」となる。もしＡが「違うの」と理由説明を開始した場合は、Ｂの発話を否定し、受け入れていないことになり、「自慢」を回避することになる。「自慢」を自らが語る場合、語り手は聞き手から「すごいね」と賞賛されたり、「良いな」と羨まれるような反応が示されたりすることを期待している。しかしながら、積極的に「自慢」を語ると聞き手に不快感を与えてしまうリスクが生じる。本研究では、このようなリスクがありながらも語り手は、聞き手に賞賛されたいと期待する場合、どのように語ることで聞き手に「自慢」が受け入れられるのか、ま

たは受け入れられないのかを検討する。

　Pomerantz（1978）は「自慢」が語られるときの特徴について、「自慢」の制約システムがあると述べている。そのシステムとは、語り手自身、または他者によって「自慢」が回避されるものである。他者によって「自慢」の制約システムが実施される場合は、語り手が「自慢」を回避せずに語ることで、聞き手が語り手の次のターンで「自慢」を抑えるべきであると気づかせるようなときである。その方法の 1 つには、語り手が「自慢」をしたことに対して、聞き手が批判的な評価を行うような方法が挙げられると Pomerantz（1978）は指摘している。以下の事例（6）は他者によって「自慢」が抑えられている。事例（7）は他者によって「自慢」が促されている。

（6）

K:　..Y' see I'm so terrific,　　　　　　　私は素晴らしい

・A:　Y' see folks, he is *very vain*, an ' he realizes his　彼はうぬぼれている、
　　mature talents compared to our meager con-　私たちの脳と比べて
　　tents of our minds.　　　　　　　　彼がどれだけ優れているか

　　　　　　　　　　　　　　　　　　　　　　Pomerantz（1978: 89）[6]

---

[6]　トランスクリプトの記号の意味（Schenkein 1978：xii–xvi）

　（0.0）　　Intervals within and between utternces
　　　　　　When intervals in the stream of talk occur, they are timed in tenths of a second and
　　　　　　inserted within parentheses, either within an utterance:
　　　　　　（0.0）LIL:　When I was（0.6）oh nine or ten
　　　　　　or between utterances:
　　　　　　HAL:　Step right up
　　　　　　　　　　（1.3）
　　　　　　HAL:　I said step right up
　　　　　　　　　　（0.8）
　JOE:　　　Are you talking to me
　　－　　　A short untimed pause within an utterance is indicated by a dash:
　　　－　　DEE: Umm － my mother will be right in
　　.　　　A period indicates a stopping fall in tone, not necessarily the end of a sentence.
　　,　　　A comma indicates a continuing intonation, not necessarily between clauses of
　　　　　　sentences.
　　-　　　A single dash indicates a halting, abrupt cutoff, or, when multiple dashes hyphenate
　　　　　　the syllables of a word or connect strings of words, the stream of talk so marked has

(7)

・R: *You* should *see* this paper she wrote. ‐ Eighty   (21)
 pages.   80 ページ彼女が書いたのをあなたは見るべきだよ
  (1.0)
・R: I have to brag about you Dotty.   あなたを誇りに思うよ
  (1.5)
・R: Quite a masterpiece.   かなりの傑作だよ
 D: Thank you.   ありがとう
             Pomerantz (1978: 91)[7]

　事例(6)では、Kの「自慢」に対してAが批判的な評価を行っており、事例(7)では、Dが書いたものについてRが褒めているが、DはRの発話の後にすぐに反応を示しておらず、「かなりの傑作だよ」という発話の後に「ありがとう」と反応を示している (Pomerantz 1978)。語り手自身による「自慢」の回避については、会話者たちが互いに尊敬しており、聞き手によって適切に賞賛が示されることで、当事者は自分から「自慢」を言うことを回避することがあると Pomerantz(1978) は述べている。
　以上のように、一般的には「自慢」を積極的に語ることが避けられるという

---

   a stammering quality.
Italics Emphasis is indicated by varieties of italics, the larger the italics, the greater is the relative local stress:

   italics ANN: It happens to be *mine*

・ The left-hand margin og the transcript is sometimes used to point to a feature of interst to the analyst at the time the fragment is introduced in the text. Very often the reader is drawn to lines in the transcript where the phenomenon of interest occurs by large dots (bullets) in the left-hand margin; for example, if the analyst had been involved in a discussion of " continuations" and introduced the following fragment,

   DON: I like that blue one very much
   ・SAM: And I'll bet your wife would like it
   DON: If I had the money I'd get one for her
   ・SAM: And one for your mother too I'll bet

・・・ Horizontal ellipses indicates that an utterance is being reported only in part, with additional speech either coming before, in the middle, or after the reported fragment, depending on the location of the ellipses.

7 トランスクリプトの記号の意味は脚注 6 と同様である。

傾向がある。その理由の 1 つには積極的に「自慢」を語ることでそれを聞いている側に不快感を与えてしまう可能性があることが挙げられる。本研究では自らの経験をポジティブな経験として誇る場合に、どのようにそれを語るのか、また聞き手は賞賛を示すような反応を行うのかどうかに焦点を当てる。

5.2　「愚痴」に対する共感的な反応

　ここでは「愚痴」に対する共感発話についての先行研究として早野 (2013) の研究を取り上げる。早野 (2013)[8] は、避難生活を送っている者が、避難生活における困難について不満を口にするのは、当たり前のことかもしれないが、実際の会話を観察すると、不満を口にすることは、必ずしも当然のこととして捉えられておらず、なるべくこらえようとすると指摘している。早野 (2013: 176) は「不満を述べる」ことを「実際の状況が、あるべき、望ましい状況でないと主張・示唆」のような発話を捉える場合に使うと述べている。

　次の事例は、不満を語る中で、利用者が自らの振る舞いを「愚痴」として特徴づけていると早野 (2013) は述べている。

(8)
```
1  利用者：  ＝う：ん，あのち 聞いてくれる人聞いてくれない人
2           いるでしょ↓：
3  ボラン：  はい.
4           (1.2)
5  ボラン：  聞い t- 聞いてくれない人いるんですか？＝
6  利用者：  ＝い↑る↓よ:.
7           (1.0)
8  ボラン：  仕事:- 仕事しご[とで
```

8　早野 (2013) は、2011 年に起きた東日本大震災、及び福島第一原子力発電所事故によって避難を余儀なくされた人々と、現地の、または日本の各地から福島県を訪れた足湯ボランティア達との会話に着目している。足湯ボランティアとは、避難所や応急仮設住宅の住民に足湯を提供し、両手・両腕のマッサージを行いながら、避難住民の話に耳を傾ける活動である (西阪 2013)。足湯ボランティアを利用している被災地の住民を、分析の中では「利用者」と呼んでいる (早野 2013)。

```
 9 利用者:              [> 仕事で忙しいから <=
10 ボラン:    = う:: ん (0.3) そっ [か
11 利用者:                   [だ: ら s- だんだんストレスたまって
12        → ↑来っと:, (0.3) その人によって↓ :, ぐち - ぐち -(0.2)
13           あたっちゃうから, =
14 ボラン:   → = °んん° = 余裕がなくなっちゃうんだ
15 利用者:    (あ言っちゃうんで)<そ - それがなま: 楽しくはなし -
16           してくれんだ みんな
17           (1.0)
18 ボラン:    お↑しゃべりね, s- た↑のしいですもんやっぱあ [たし =
19 利用者:                              [う:ん
20 ボラン:    = ↑東京から来てるんで:,
21 利用者:    んん
22 ボラン:    なんか色々こっちの方の話聞けるのも楽しいし
```

早野 (2013: 176–177 の事例 (2)))[9]

---

[9] トランスクリプトの記号の意味(西阪・早野・須永・黒嶋・岩田 2013: vi–xiv)。ジェ
ファソンの書き起こしシステムを、日本語用にアレンジしたものであり、西阪のウェブ
サイトに公開されているシステムを土台にしているが、個々の記述については、著者間
で議論を行い、変更が施されていると述べている。

[　　複数の参加者の発する音声が重なり始めている時点は、角括弧 ([ ) によって示
　　される。

[ ]　重なりの終わりが示されることもある。

[[　二人の話し手が同時に発話を開始するとき、その開始時点は、二重の角括弧
　　([[ ) によって示される。

=　二つの発話が途切れなく密着していることは、等号 (=) で示される。

( )　聞き取りが不可能な箇所は、( ) で示される。空白の大きさは、聞き取り不可
　　能な音声の相対的な長さに対応している。

(言葉)　また聞き取りが確定できないときは、当該文字列が ( ) で括られる。

(n.m)　音声が途切れている状態があるときは、その秒数がほぼ 0.2 秒ごとに ( ) 内に
　　示される。

(.)　0.2 秒以下の短い間合いは、( ) にピリオドを打った記号、つまり (.) という記
　　号によって示される。

::　直前の音が延ばされていることは、コロンで示される。コロンの数は引き延ば
　　しの相対的な長さに対応している。

言-　言葉が不完全なまま途切れていることは、ハイフンで示される。

h　呼気音は、hh で示される。h の数はそれぞれの音の相対的な長さに対応してい

　早野 (2013) は事例 (8) について以下のように説明している。利用者の 11
〜 13 行目の発話は、批判を直接的に述べるかたちをとっておらず、「スト
レスがたまってくると、相手によってはぐちぐちあたってしまうの」とい
う「報告」に過ぎない。「ぐちぐちあたる」という否定的なニュアンスを持
つ表現を使用して自分の振る舞いを表していること自体に利用者の自己批判
的な態度がみてとれ、ストレスがたまり、普段であればしない、するべきで
ないとわかっている行為をしてしまう状況に自分が陥っていることが考えら
れる。利用者の 11 〜 13 行目の発話に対する 14 行目のボランティアの「余
裕がなくなっちゃうんだ」という言い方は、利用者が先に述べたぐちぐちあ
たってしまうことの理由を言い換えているものであろう。このように言い換
えることで、利用者が自己批判的に報告した「ぐちぐちあたる」という振る
舞いについて我慢できる状態にないため、やむをえずしたことなのだろうと
いう共感的な理解を示していると早野 (2013) は述べている。

	る。
.h	吸気音は、.hh (h の前にピリオドを付したもの) で示される。h の数はそれぞれの音の相対的な長さに対応している。
言 (h)	呼気音の記号は、笑いを表すものにももちいられる。とくに笑いながら発話が産出されるときそのことは、呼気をともなう音のあとに (h) を挟むことで示される。
¥　¥	発話が笑いながらなされているわけではないけれど、笑い声でなされているということもある。そのときは、当該箇所を ¥ で囲む。
heh/hah/huh	笑い声は、h に近似の母音を組み合わせた形で表す。
下線	音の強さ (強勢) は下線によって示される。
言葉:	音が強勢により少し高められたあと、すぐにもとの高さに戻るような発声方法が、しばしば観察される。このような発声方法は、最後の母音に下線を引き、そのあとに下線のない「引き伸ばし」記号 (コロン) を付すことで示される。
言葉:	末尾の音の直後が強勢により少し高められるような発声方法も、しばしば観察される。
言葉::	末尾の音の直後が少し強められて (その結果音程も少し高くなり)、すぐにもとにもどるような発声方法も、しばしば観察される。
大	音が大きいことは、斜体により示される。
°　°	音が小さいことは、当該箇所が ° で囲まれることにより示される。
.	語尾の音が十分下がって、発話完了のような音調が作られるとき、そのことはピリオド (.) で示される。
,	音が少し下がって、発話途中の区切りのような音調が作られるとき、そのことは (,) で示される。

5.3 「自己卑下」に対する共感的な反応

ここでは「自己卑下」に対する共感発話についての先行研究を概観する。Pomerantz(1984)は「自己卑下」が語られる場合、語り手は聞き手に「そんなことないよ」と「自己卑下」を否定してもらえることを期待していると述べている。

(9)

　((L, the hostess, is showing slides.))

　L：You're not bored(huh)?　　　　退屈ですか？

　S：Bored? =　　　　　　　　　　退屈？

→ S： = No. We're fascinated.　　　興味深いです。

Pomerantz(1984: 84 の事例(56))[10]

?	語尾の音が十分上がって、発話完了のような音調が作られるとき、そのことは疑問符(?)で示される。
¿	語尾の音が少しだけ上がって聞こえるとき、逆疑問符(¿)を付すこともある。
↑↓	音調の上がり下がりは、それぞれ上向き矢印(↑)と下向き矢印(↓)で示されることもある。
言葉_	末尾の音の高さが平坦であることは、音の直後に、下線の付された空白を設けることで示される。
><	発話のスピードが目立って速くなる部分は、左開きの不等号と右開きの不等号で囲まれる。
<>	発話のスピードが目立って遅くなる部分は、右開きの不等号と左開きの不等号で囲まれる。
<言葉	急いで押し出されるように発言が始まるとき、そのことは右開きの不等号(<)がその発言の冒頭に付されることで示される。
＃＃	声がかすれている部分は、＃で囲まれる。
*	実際に発せられた音は、50音によって明確に弁別できるとはかぎらない。そのようなときとりあえず近似の文字にアステリスク(*)が付されることで、実際の音は必ずしも書かれた音そのものではないことが、示される。

10　トランスクリプトの記号の意味(Atkinson & Heritage 1984: ix–xvi)は以下の通りである。

[	Overlapping utterances
(0.0)	Intervals within and between utterances
Co:lon	A colon indicates an extension of the sound or syllable it follows
Co::lons	More colons prolong the stretch
.	A period indicates a stopping fall in tone, not necessarily between clauses of sentences.
,	A comma indicates a continuing intonation, not necessarily between clauses of

　L が自分のスライドを見せながら S に退屈かどうか聞くこと自体が「自己
卑下」であり、S は興味深いと反応することで L の「自己卑下」を否定して
いる。
　今田 (2015) は、留学生と日本人の会話に着目し、「自己卑下」に対して肯
定するような会話が観察されると述べている。出会いの初期の会話において
は、話し手が「自己卑下」のような経験談を語ったときに、その聞き手も類
似経験を示すことで、共通の基盤を持たない二人が、互いの経験上の共通点
を探し、共有基盤を作り上げようとする。しかしながら、時間の経過と共に
相手の長所や短所を含めて把握していることを示しながら「自己卑下」を肯
定するようになり、単に根拠もなく「自己卑下」を否定するよりも、積み重
ねられた日常の共通経験から、相手のことを理解していることを表明するよ
うになる (今田 2015)。

(10) [2011 年 9 月 30 日「おしゃべりが苦手」]
001 ダオ:　　でもまあやっぱりまあおしゃべりっていうのが 1 番 - は - 結構
002 　　　　大切な: こと:: で [:
003 山平　　　　　　　　　　　[素質なんだ
004 ダオ:⇒ 素質:: なんだな:::(1.0) だから自分全然 (0.6) 向いてない:
005 山平:⇒ **確かに.**
006 　　　　(0.2)
007 ダオ:　　と:(.) 学 [校 - 学せ - 学生時代わかった.

---

	sentences.
?	A question mark indicates a rising inflection, not necessarily a question.
=	When there is no interval between adjacent utterances, the second being latched immediately to the first (without overlapping it), the utterances are linked together with equal signs.
-	A single dash indicates a halting, abrupt cutoff, or when multiple dashes hyphenate the syllables of a word or connect strings of words the stream of talk so marked has a stammering quality.
mine	Emphasis is indicated by underlining
hhh・hhh	Adudible aspirations (hhh) and inhalations (・hhh) are inserted in the speech where they occur.
( )	In addition to the timings of intervals and inserted aspirations and inhalations, items enclosed within single parentheses are in doubt.

```
008 山平:              [ta-
009 山平:    >というか< ダオくん，あ: 日本のガイドさんはできそう
010          (.)
011 ダオ:    は?
012 山平:    日本人相手はできそうだよ:
013 ダオ:    なんで::?
014          (1.4)
015 山平:    日本人比較的ほっとかれるの好きじゃん.
016          (0.2)
017 ダオ:    あ:::::::
018 山平:    で: ちょっと困ってる時にフォローするとかその:
019          そういった (.)k 気配りのほうが日本は大事だ (.) からその:
020 ダオ:    へ:::[:
021 山平:        [ず :::っとエンターテインしてるよりも:[?
022 ダオ:                                        [fun:n:n:
023          (1.4)
024 ダオ:    お:::[:
025 山平:⇒      [だ::か: らっそのへんの日本の気配りが: たとえば (.) さ (.)
026          X さん ((先般にあたるタイ人女子留学生)) だったり
027          ダオくんだったりはうまいと思う.
028 ダオ:    お:::::(1.0)ん: ぼく:(たぶん)X さんは全然ちがう:
029 山平:    え:: そお:: ?
030          (0.6)
031 ダオ:    (相当: ほんま)タイ人の (.)- の: に対してのもてなしとかも
032          すごいうまい.
033 山平:    う:: ん
034 ダオ:⇒  ぼくはどっちかっていうと:(0.5)m - マイさんとかに
035          言われないと:: 自分 - 自らは何も -[できないし:
036                                        [あ :::::
037 ダオ:    感じ::¿
038 山平:⇒  尻に敷かれてるもんねみんなに
039          (4.0)
```

今田 (2015: 134–135 の事例 (21)) [11]

　今田 (2015) はこれらの事例について以下のように説明している。山平は、5 行目でダオの「自己卑下」を肯定しているが、その後で、山平が、ダオは日本的な気配りがうまいため日本のガイドならできそうであると褒めるが、その後もダオの「自己卑下」が続き、山平は 36 行目で「あ::::」と理解を示している。山平はダオの「自己卑下」を肯定しているが、それはダオの長所や短所を含めて把握していることを示している。「おしゃべりではないからガイドの素質がない」という「自己卑下」に対して「(おしゃべりではないが) 気遣いができるので、日本のガイドに向いている」という代替案を提示してお

---

[11]　トランスクリプトの記号の意味は以下の通りである (今田 2015: 66)。

[	複数の参与者の声の重なり始め。
[ ]	重なりの終わりが示されることもある。
=	2 つの発話が途切れなく密着している。
( )	聞き取りが不可能な箇所。
(言葉)	聞き取りが確定できないとき。
(m.n)	音声が途絶えている状態。その秒数が ( ) 内に示される。
(.)	0.2 秒以下の短い間合い。
言葉::	直前の音の引き延ばし。コロンの数は引き延ばしの相対的な長さに対応。
言-	言葉が不完全なまま途切れている状態。
h	呼気音 (h の数はそれぞれの音の相対的な長さに対応)。
.hh	吸気音 (h の数はそれぞれの音の相対的な長さに対応)。
言(h)	呼気音の記号は、笑いを表すのにも用いられる。特に笑いながら発話が産出される時、そのことは、呼気を伴う音の後に (h) または h を挟むことで示す。
¥　¥	発話が笑いながら為されているわけではないが、笑い声で為されているというとき、当該箇所を¥で囲む。
言葉	音の強さは下線によって示される。
°　°	音が小さいことは、当該箇所が°で囲まれることにより示される。
. , ?	語尾の下がりはピリオド (.) で示される。音が少し下がって弾みがついていることはカンマ (,) で示される。語尾の音が上がっていることは疑問符 (?) で示される。
!	直前の音が弾みつきで強く発されていることは、感嘆符 (!) で示される。
↑ ↓	音調の極端な上がり下がりはそれぞれ上向き矢印 (↑) と下向き矢印 (↓) で示される。
> <	発話のスピードが目立って早くなる部分。
< >	発話のスピードが目立って遅くなる部分。
(( ))	発言の要約や、その他の注記は二重括弧で囲まれる。

42

り、これらは、単に根拠もなく「自己卑下」を否定するよりも、積み重ねられた日常の共通経験から、相手のことを深く理解していることを示している。

　以上のように「自己卑下」は、語り手が聞き手に否定してもらいたいと期待する場合と肯定してもらいたいと期待する場合があり、聞き手は語りの中から語り手の意図を汲み取ることが求められる。今田（2015）の事例のように「自己卑下」に対する肯定が問題なく行われる場合もあるが、一歩間違うと語り手の能力を否定することに繋がるリスクもある。「自己卑下」は語り手の能力と直接関わるため、聞き手には慎重な反応が求められると考える。

5.4　自慢・愚痴・自己卑下の特徴

　ここでは、自慢・愚痴・自己卑下の特徴を論じる。まず「自慢」を取り上げる。次に「愚痴」と「自己卑下」の特徴を整理する。「愚痴」を観察する際に「不満」と比較し、「不満」との違いもみていく。最後に「自己卑下」に着目する。その際に「謙遜」と比べ、相違点についても論じる。

5.4.1　自慢

　最初に「自慢」の特徴をみる。以下が「自慢」についての辞書の記述である。

　　自分や、自分に関係の深いものを、自分でほめ人に誇ること
　　　　　　　　　　　　　　　　　　　　『広辞苑』第六版（2008: 1284）

　　自分のことや自分に関係のあることを他人に誇ること
　　　　　　　　　　　　　　　　　　　　『大辞林』第三版（2006: 1144）

　　自分で自分や自分に関係のあることを他に誇ること
　　　　　　　　　　　　　　　　　　『日本語大辞典』第二版（1995: 969）

　「自慢」とは自分のことを他人に誇ることであると辞書に記載されている。しかし、実際の会話の中で「自慢」をする際には、同時に聞き手に賞賛されることや羨ましいという反応を期待していると考えられる。「自慢」の本質を捉えるためには、語り手がどのように「自慢」を語り、聞き手がどう反応しているかを明らかにする必要があると考える。

　戸江 (2008) は、子育てに関する悩みごとの会話を分析しており、以下のように説明している。乳幼児を持つ母親たちは、自分の子供の成長について語るとき、それが自慢として聞かれる可能性に敏感で、子供のことを自慢していると捉えられることを避けようとする。この戸江 (2008) の主張は、本研究に重要な手掛かりを与えている。なぜなら、会話参加者の立場が同じである場合、自分と相手の比較に繋がる可能性が高いため、「自慢」を語ることに対して敏感になることが考えられるからである。本研究の研究協力者は同じ大学、学生の身分で立場が同等であるため、大学生同士の会話の場合においても、「自慢」が語り手と聞き手との比較に繋がる可能性が想定される。

　本研究は、自分の能力などに留まらず、自分が所有しているものや、自分と関係がある・あった出来事について誇っている場合なども「自慢」として捉える。本研究において「自慢を語る」ことは「自分のことや、自分に関係のあることを他人に誇ることで、賞賛されることを期待している語り」とする。

　本研究では、例えば、以下のような場合を「自慢」の語りと捉える。以下では、語り手は希望していた会社から内定をもらった経験を誇ることで、聞き手から賞賛が示されることを期待している。

「昨日、第一希望だった会社から内定もらったの」

5.4.2　愚痴

　次に「愚痴」と「不満」を比較しながら「愚痴」を捉える。「愚痴」も「不満」も、トラブルの語りという点で共通している。そのため、まずトラブルの語りにおける特徴をみる。Jefferson (1988) は、トラブルの語りにおいて、トラブルの中核を表明する際に 3 つの段階があることを指摘している。

1.　説明・表明　　　　　　　（Exposition）
　　↓
2.　相手の態度に歩み寄る　　（Affiliation）
　　↓
3.　相手の態度に歩み寄る応答（Affiliation　Response）

Jefferson（1988: 420）

　トラブルの表明は3段階から構成されている。1ではトラブルの表明をしたり、説明をしたりする。2では、1のトラブルの表明に対して相手の態度に歩み寄るような共感的な反応を示す。3では、2の共感的な反応に対して感情を表明して相手の態度に歩み寄ろうとする応答を行う。2の段階で、共感的な反応を示すことによって、語り手が感情を表明できるよう促していると Jefferson（1988）は述べている。以下がその事例であり、M が日曜日から抗生物質を飲んでいるという語りから始まる。

（11）　[C.2 C.3 (1) JG:1:19:1Gold Trans]

M: I been taking antibiotics ever since Sunday.

S: Ohh.

M: And uh I w-h-h-en I lie down or when I get up it feels like the m::flesh is
　　Pulling off of my bones.

S: How awful.　　←

M: Oh I have listen I was in such excruciating pain yesterday　　←
　　and the day before that I really I just didn't know what to do I just pulled my
　　hair.

Jefferson（1988: 428）

（11 − 日本語訳）[C.2 C.3 (1) JG:1:19:1Gold Trans]

M: 日曜日から抗生物質を飲んでるの

S: おお

M: 横になったりしようとしたり、起き上がろうとしたりすると骨を突き刺
　　すような痛みを感じるの

S: ひどいことだわ　　　　　　　　　　　←

M: 昨日も耐えられないぐらい痛かった　←
　　そしておとといは髪を引っ張ってたことにも気づかないぐらい痛かった

Jefferson（1988: 428）

　まず、M は日曜日から抗生物質を飲んでいて「骨を突き刺すような痛みを感じる」と述べている。その直後に S が「ひどいことだわ」と共感的な反応を示している（1つ目の矢印「←」）。これに対して、M は「昨日は耐

えられないぐらい痛かった」と述べている（2つ目の矢印「←」）。このように、トラブルの語りにおける聞き手の共感的な反応が、語り手の感情表明を促していると Jefferson（1988）は指摘している。

　Jefferson（1988）の研究は、トラブルの語りに段階性があること、またトラブルの語り手と聞き手のやりとりの発話の連鎖を明らかにしている点において重要な研究である。しかしながら、トラブルと言っても様々なトラブルがある。本研究では、トラブルの語りについて、一歩踏み込んで「愚痴」と「自己卑下」のように細かく捉え、検討する。同じトラブルでも「愚痴」と「自己卑下」では語り手が聞き手に期待する反応に違いがあり、聞き手の反応においてもそれぞれの語りによって特徴があることが想定される。従来、この違いについて考察されてこなかったが、本研究においては、この違いを検討することにより、語り手の意図を聞き手がどのように汲み取り、調整しながら反応を示しているかを体系的に捉えることができると考える。これまでの研究は、「共感的な反応」としてひとまとめにしているため、共感的な反応の特徴そのものには焦点を当てていなかった。本研究では、語り手が期待している反応に対して、どのような共感的な反応が示されているかについても検討する。

　以下、愚痴・不満の順に辞書の記載をもとに整理する。

愚痴

　以下が「愚痴」についての辞書の記述である。

　①理非の区別がつかないおろかさ
　②言っても仕方のないことを言って嘆くこと。また、その言葉
『広辞苑』第六版（2008: 802）

　言ってもしかたがないことを言って嘆くこと
　物事を正しく認識したり判断したりできないこと
『大辞林』第三版（2006: 719）

　①愚かで、真理に対して無知であること。ものの理非がわからないこと
　②言ってもしかたのないことを言いなげくこと

『日本語大辞典』第二版（1995：604）

　上記の『広辞苑』第六版（2008）、『大辞林』第三版（2006）、『日本語大辞典』第二版（1995）の3つの辞書に共通してみられるのは、物事を正しく判断できないこと、また言っても仕方がないことを嘆くことである。このように「愚痴」は、言ったところで、何も変わらないことを認識していること、嘆いても仕方がないことを前提として嘆いていることが特徴的である。「愚痴」は単に聞き手に聞いてほしい、認めてほしいという欲求である。そのため、聞き手には語り手に同調することが期待される。

愚痴	：	望ましくない事態を嘆く。
愚痴を語る	：	承認欲求
		自分に関係する望ましくない事態について嘆くことで、同調してもらえることを期待する。

　本研究において「愚痴を語る」ことは「望ましくない事態について嘆くことで、同調してもらえることを期待している語り」とする。
　本研究では、例えば、以下のような場合を「愚痴」の語りと捉える。以下では、語り手はアルバイト先で何度もミスをしてしまったと嘆くことで、聞き手に同調してもらえることを期待している。

「昨日、アルバイト先でまたミスをして店長に怒られちゃった」

　━━━━
　不満
　━━━━
　次に「不満」の特徴をみる。「愚痴」と「不満」は似ているが、大きく異なるのは、「不満」の場合は正当性を訴えている点である。以下が辞書の記述である。

　　心に満たないこと。満足しないこと

『広辞苑』第六版（2008：2479）

　　十分に満たされていないと思うこと。満足しないこと。また、そのさま。

そのような気持ちや心のわだかまりをもいう

『大辞林』第三版（2006: 2237）

思いどおりでなく、満足しないこと・さま

『日本語大辞典』第二版（1995: 1911）

　辞書の記述において、「不満」とは「思いどおりではないこと」、「心のわだかまり」など心の状態を示している。「不満」の場合は正当性を主張しており、「愚痴」の場合は、自分の立場（状況）の主張に留まっている点に違いがある。また、「不満」の場合は、自分の正当性が認められることを期待しており、一方の「愚痴」は、正当性が認められることではなく、自分の状況や気持ちが認められることを期待している点が異なる。本研究では、特に自分の正しさを認めてほしいと期待している場合を「不満」とする。会話において、語り手は自分の思い通りではないことを伝えるだけではなく、「不満」を解消するために自分が正しいことが聞き手に認められることを期待していることが考えられる。つまり、聞き手から「あなたが正しい」と認められることが、「不満」を解消することに繋がる。

　辞書では、思い通りではなく満足しないことであると広く捉えられているが、本研究では「思いどおりでなく」という部分に更に踏み込み、不当性の訴えであると考える。したがって思い通りにならないことについて「自分の正当性の主張」をしているとする。本研究において「不満を語る」ことは「不利な立場を訴えることで、正当性が認められることを期待している語り」とする。

| 不満 | ： | 正しく評価されていないと考える。 |
| 不満を語る | ： | 承認欲求
不利な立場を訴えることで、正当性が認められることを期待する。 |

　本研究では、例えば、以下のような場合を「不満」の語りと捉える。以下では、語り手はアルバイト先で不当な扱いを受けたと訴え、聞き手から正当性が認められる反応が得られることを期待している。

「アルバイト先で、先輩のミスを自分のミスだと間違われて30分ぐらい店長に怒られてさ」

5.4.3　自己卑下

　最後に「自己卑下」の特徴をみる。辞書には「自己卑下」の記載がなく、「卑下」で調べた。以下が辞書の記述である。

> ①自分を劣ったものとしていやしめること、へりくだること、謙遜
> ②いやしめ見下すこと
>
> 『広辞苑』第六版（2008: 2348）

> 自分を人より劣った者として扱うこと。へりくだること。謙遜すること
>
> 『大辞林』第三版（2006: 2117）

> ①へりくだること。Humble onself
> ②いやしむこと。Contempt
>
> 『日本語大辞典』第二版（1995: 1807）

　以上のように、辞書の記述では「劣ったもの」、「劣った者として扱うこと」である。しかし、劣った者として自らを扱うときに、自らの能力を低くみせて他者を気遣う場合もあれば、自らの能力を低くみせて他者から「そんなことないよ」や「そうだね」などの反応を期待している場合もある。本研究において「自己卑下をする」ことは「自分が劣っていることを伝えることで、「そんなことないよ」と否定してもらえる・「そうだね」と肯定してもらえることを期待している語り」とする。

　　　自己卑下　　　　：　自分が劣っていると考える。
　　　自己卑下を語る：　否定欲求・肯定欲求
　　　　　　　　　　　　　自分が劣っていると伝えることで、「そんなことないよ」と否定してもらえることを期待する（否定欲求）。「そうだね」と肯定してもらえることを期待する（肯定欲求）。

　本研究では、例えば、以下のような場合を「自己卑下」の語りと捉える。以下では、一社からも内定をもらっていないと自分が劣っていると伝えることで、聞き手に否定・肯定してもらえることを期待している。

「まだ一社からも内定もらってなくて、自分はほんとにだめだな」

　なお、「卑下」の意味記述の中で、「卑下」は「謙遜」ということばによって説明されている。そのため、「卑下」と「謙遜」の違いについて簡単に整理する。

| 謙遜 |

　控え目な態度で振る舞うこと。へりくだること

『広辞苑』第六版（2008: 908）

　自分の能力・価値などを低く評価すること。控えめに振舞うこと。類義の語に「卑下」があるが、「卑下」は自分自身を低くし卑しめる意を表す、それに対し「謙遜」は自分の能力や功績などをおごらず、控えめに振舞う意を表す

『大辞林』第三版（2006: 818）

　へりくだること・さま。ひかえめにすること・さま。謙虚。謙譲 modesty

『日本語大辞典』第二版（1995: 690）

　『広辞苑』第六版 (2008)、『大辞林』第三版 (2006)、『日本語大辞典』第二版 (1995) の全ての辞書に共通しているのは「控えめに振舞う」という点である。「卑下」の場合は自分を劣っている者として扱い、「謙遜」の場合は控えめに振る舞う点で、微妙にニュアンスが異なることと考えられる。つまり、「謙遜」は自分が劣っていると伝えることを目的としておらず、実際の能力や経験を高くみせないために控えめに振る舞うことに重点が置かれているのではないか。このように考えると、語り方にも違いが生じる可能性が高い。以下の会話例から考えてみる。

＜卑下＞
A：いくつ内定もらった？
B：また、不採用で本当に自分はダメだわ

＜謙遜＞
A：いくつ内定もらった？
B：まだあんまりもらってないよ

　「いくつ内定もらった？」という質問に対して「また、不採用で本当に自分はダメだわ」と語り始めると辞書の記述によれば「卑下」である。「いくつ内定もらった？」という質問に対して実際は5社から内定をもらっている場合に「まだあんまりもらってないよ」と振る舞う場合が「謙遜」に当たると考えられる。以上のように、「卑下」と「謙遜」では微妙なニュアンスの違いがあることが窺える。「謙遜」と「卑下」の違いを簡単にまとめると以下のようになる。

　　謙遜　　：　控えめであることを認めてほしい
　　自己卑下：　劣っていると言ったことに対して否定・肯定してほしい

　本研究においては「自己卑下」の語りに焦点を当てる。「愚痴」と「自己卑下」を比較すると以下のような違いが考えられる。それは、聞き手に期待する反応である。「愚痴」の場合は聞き手に同調してもらえることを期待しており、「自己卑下」の場合は否定的・肯定的な反応を期待している。一方で「愚痴」との類似点もある。それは言っても仕方がないことを嘆いていることである。しかし、「自己卑下」は嘆くように語ってはいるものの、聞き手は語り手に配慮をしながら慎重に反応を示さなければならない点が「愚痴」とは異なる。つまり、語り手は自分の能力の低さや経験不足を表明しているため、聞き手は同調することが容易ではない。その判断を間違ってしまうと、聞き手は語り手を全否定してしまう危険性が生じる。
　「自己卑下」は、「そんなことないよ」という否定的な反応が期待される（Pomerantz 1984）ことを「5.3」（「自己卑下」に対する共感的な反応）において論じた。しかしながら場合によっては、「そうだね」という肯定的な反応

が望ましい場合もある (今田 2015)。例えば、以下の事例 (12)・(13) のように否定的な反応、肯定的な反応のどちらが語り手にとって期待される反応であるかを判断することは困難であり、語り方に依存することが想定される。

(12)
　　A：昨日、アルバイトでまた同じミスしちゃった。私、だめだ。
→ B：そんなことないよ。誰でもミスはあるよ。

(13)
　　A：昨日、アルバイトでまた同じミスしちゃった。私、だめだ。
→ B：そうだったんだね。他の職種のアルバイトに挑戦してみたら。

　最後に本研究における自慢・愚痴・自己卑下をまとめると表 2-2 のようになる。

表 2-2　自慢・愚痴・自己卑下の特徴

自慢	
自慢	：自分で自分のことや自分に関係のあることを誇る。
自慢を語る	：賞賛欲求 自分のことや、自分に関係のあることを他人に誇ることで、賞賛されることを期待する。
愚痴	
愚痴	：望ましくない事態を嘆く。
愚痴を語る	：承認欲求 自分に関係する望ましくない事態について嘆くことで、同調してもらえることを期待する。
自己卑下	
自己卑下	：自分が劣っていると考える。
自己卑下を語る	：否定欲求・肯定欲求 自分が劣っていると伝えることで、「そんなことないよ」と否定してもらえることを期待する (否定欲求)。「そうだね」と肯定してもらえることを期待する (肯定欲求)。

6. まとめ

　以上、共感的な反応に関する先行研究を概観した。また自慢・愚痴・自己卑下に対する共感的な反応の特徴についても整理した。ここでは、まとめを行う。

　これまでの研究で、共感とは相手を理解するための積極的な働きかけであることがわかった。しかしながら、積極的な働きかけとはどのようなことであるかは明確に示されていない。そこで本研究では、共感は「相手の考えや気持ちを理解して、相手の期待に添おうとする態度」と定義した。

　日本語会話では相手の心情に共感を示す際に、聞き手が語り手の心情を先取りして表明することがある（田中 2002, 筒井 2012）。また、経験の語りに対して聞き手が共感的な反応を示す技法について、Heritage (2011) はいくつかの特徴を示している。本研究では Parallel assessments と Subjunctive assessments の特徴について取り上げた。Parallel assessments とは、語り手と似たようなことを聞き手が述べることで、直接的に関与せずに共感的な反応を示そうとすることである。Subjunctive assessments とは、語り手が語った経験と同じ経験をした場合に自分も同じように感じると聞き手が共感的な反応を示そうとすることである。Heritage (2011) が指摘している技法からもわかる通り、語り手の経験に対して聞き手は、直接的に関与しないかたちで寄り添おうとしたり、あるときは同じ気持ちであることを表明することで寄り添おうとしたりする。その判断は、語り手の期待に応えようとした結果として表れている。

　本研究は、語り手がどのように自らの経験（自慢・愚痴・自己卑下）を語り、聞き手にどのような反応を期待しているのかを分析する。また、それを受けて聞き手は、どのように寄り添おうとしているのか、語り手の期待に応えようとしているのかを明らかにする。本研究ではこのような、語り手と聞き手の発話連鎖の観点から共感の仕組みを解明する。図 2-2 に具体的な観点を示す。まず、図 2-2 の①の語り手の経験の語り方に着目する。語り手は、どのように経験（自慢・愚痴・自己卑下）を語っているか、そしてどのような反応を聞き手に期待しているのかを分析する。次に、②の聞き手の反応に着目する。聞き手は、どのように語り手の経験を聞いているのか、そしてどのように反応を行っているのかを分析する。最後に、③を①と②の発話の連鎖から分析し、共感発話の連鎖パターンの特徴を明らかにする。語り手は自慢・愚痴・自己卑下を語ることで、何を達成しているのか。一方の聞き手

は、共感的な反応を示すことでどのようなことを働きかけているのか。その
特徴を検討し、共感の仕組みを捉える。

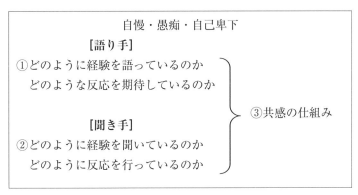

図 2-2　本研究の分析観点

第 3 章

分析の観点と研究方法

1. はじめに

　ここでは、本研究における分析の観点と研究方法を取り上げる。2 節で分析の観点を述べる。本研究では、共感的な反応の特徴に焦点を当てていくが、同時に語り手の自慢・愚痴・自己卑下の語り方にも着目する。3 節では研究方法について説明する。

2. 分析の観点

　語り手は自らの経験を語る際、単に経験談を語るだけではなく、聞き手に共感を求めることがあり、一方の聞き手も単にその経験談を聞くだけでなく、その期待に添う反応をしようとすることがある。本研究では「語り手の期待」と「聞き手の反応」に着目して共感発話の連鎖を分析する。本研究で着目するのは以下のような発話連鎖である。経験を語り、それに対して共感的な反応を示している場合である。

（1）
　　1 A：昨日、彼に振られたの
　　2 B：それは辛い

　まず、「語り手の期待」に注目して関連する概念を概観する。次に、「聞き手の反応」に関する概念に着目する。最後に本研究における分析の観点をまとめる。
　最初に「語り手の期待」に焦点を当てる。語り手は経験を語る場合、単に語るのではなく、聞き手から共感的な反応が得られることを期待してい

ると考えられる。自慢・愚痴・自己卑下を語る場合、語り手は聞き手から
なんらかの反応がくることを期待している。しかし、聞き手からの反応が
ない場合、語り手は不安になる。経験を語った場合に語り手は聞き手から
反応がくることを期待し、聞き手は経験の語りに対する反応を示そうとす
る。このような語り手と聞き手の連鎖タイプを Schegloff & Sacks (1973) は
Adjacency pair（隣接対）と呼んでいる。隣接対とは、自分が第一対偶成分
(first pair part) を発した場合、相手は次に、第一対偶成分に対応する第二対
偶成分 (second pair part) を発するはずであるという期待を持つことである
（串田 2013）。第一対偶成分とは質問や誘いなどのことで、第二対偶成分と
は質問に対する応答や誘いに対する受け入れや断りのことである。

　語り手が経験を語った場合、自らが語った経験に対して何らかの反応が聞
き手からくることを期待する。事例 (1) のように経験の語りに対して期待さ
れる反応が、語りの直後にくる場合もあれば、事例 (2) のようにすぐにこな
い場合も考えられる。しかし、経験の語りに対して期待される反応を示して
いるという点では共通している。本研究はこのようなやりとりを分析する。

(1)
　1 A：昨日、彼に振られたの　　　　　第一対偶成分 (first pair part)
　2 B：それは辛い　　　　　　　　　　第二対偶成分 (second pair part)

(2)
　1 A：昨日、彼に振られたの　　　　　第一対偶成分 (first pair part)
　2 B：なんて言われたの
　3 A：急に別れようって言われた
　4 B：それは辛い　　　　　　　　　　第二対偶成分 (second pair part)

　上記の事例 (1) の 1A の発話の後に、聞き手から反応がこない場合はどう
か。

(3)
　1 A：昨日、彼に振られたの
　2 B：……

　事例(3)のような場合、Aは自分の経験の語りがBに受け入れられていないか、なんらかのトラブルが生じていることに気づくのではないか。一方のBは反応に戸惑っている、または反応することができないでいると考えられる。
　次に事例(4)をみる。事例(4)は事例(3)のように全く反応がないわけではなく、一応反応を示しているが十分な反応とはいえず、単に情報として受け取っているようにみえる。

(4)
　1 A：昨日、彼に振られたの
　2 B：ふーん
　3 A：……

　このような場合、Aは自分の経験はBには受け止めてもらうことができなかった、またはBは自分の気持ちを汲み取ってくれなかったと考える可能性がある。一方Bは、Aの経験を単なる情報として受け止めた、またはBに、共感的な反応を示すことができないなんらかのトラブルがあった可能性も考えられる。
　次に事例(5)を取り上げる。事例(4)とは異なり、Aの感情を汲み取って反応を示しそうとしているが、Aの期待に応えた反応ではないことが次の3Aの発話から窺える。

(5)
　1 A：昨日、彼に振られたの
　2 B：Aがいろいろ我慢し過ぎたことが原因だよ
　3 A：……

　このような場合、Aの感情にBは反応しようとしているが、Aが期待する反応ではなく、認識のズレが生じている。
　以上の事例を踏まえると、Aは経験を語った場合に、Bから反応がくるはずであるという期待を持つ。このように経験を語るという第一対偶成分を発した場合に、聞き手から経験の語りに対する反応（第二対偶成分）がくる「はずである」という期待で繋がっているのが隣接対である。したがって

「はずである」ものが出てこなかった場合に、語り手はトラブルが生じていることに気づくことができる。「はずである」ものがきている場合、きていない場合という視点を持つことで、会話に参加していない観察者によっても「語り手の期待」をデータから観察することができる。

　次に「聞き手の反応」に注目する。前述した通り、語り手は自らの経験を語る場合、聞き手から反応が得られるはずであるという期待を持つ。自慢・愚痴・自己卑下の3つの語りが語られた場合、語り手は聞き手から単に反応が示されることを期待するだけでなく、ある特定の反応を期待すると想定される。そこで、ある特定の期待に対して聞き手がどのように期待に添う反応を示そうとしているのかを「聞き手の反応」に着目して考える。経験の語りを聞いて、聞き手は語り手の期待に添う反応を示そうとすることもあれば、期待に添う反応を示すことができない場合もある。Sacks（1987）は、語り手の期待に聞き手が合わせながら応答を行うことで、聞き手は語り手に同意できない場合においても、同意に近いかたちで期待に添う反応を示そうとすることがあると述べている。

(6)

　A：That where you live ? Florida ?　　　どこに住んでるの？　フロリダ？
　B：That's where I was born.　　　　　そこは私が生まれた場所だよ。

Sacks（1987: 60, 62 の事例 (6)）

　Sacks（1987: 62）は、事例 (6) について以下のように指摘している。フロリダに住んでいるかどうかについての質問に対して、B は今、実際に住んではいないが、生まれたところがフロリダであると述べている。同意に近いかたちで反応することで、同意できないことを示している。

　本研究では語り手が経験（自慢、愚痴、自己卑下）を語る際に、聞き手から期待する反応がくるように、どのように経験を語っているのか、それに対して聞き手はどのように語り手が期待する反応を示そうとしているかを「語り手の期待と聞き手の反応」という観点から分析する。

3.　研究方法

　次に研究方法について述べる。本研究の目的は自慢・愚痴・自己卑下に対

する共感的な反応の特徴を明らかにすることである。そのため、自慢・愚痴・自己卑下が現れる前後の発話も詳細に捉える必要がある。まず、語り手が自慢・愚痴・自己卑下を語ることでどのような行為を達成しているかを観察するために、本研究では、会話分析の手法を用いる。

串田（2017）は、会話分析の捉え方について「人々は言葉や身体行動や道具などを用いて、誰かに対して理解可能な意味を持つ働きかけを行ったり、そうした働きかけに応じたりする。（中略）理解可能な行為は、一定のやり方でなされる必要がある」（串田 2017: 29）と説明している。どのような手続きによって、会話参加者が行為を達成しているのかを観察し、厳密に記述するには、実際のデータを細かく分析することが必要である（Sidnell & Stivers 2012）。

高木・細井・森田（2016）は、会話分析について以下のように述べている。会話参加者が行為を達成する際に、会話参加者自身が用いている手続きを厳密に記述することが会話分析が目指していることである。

会話分析では、 厳密に行為を記述するために「position」（位置） と「composition」（組み立て）に着目する（Schegloff 1993）。そこで、本研究では会話の中で自慢・愚痴・自己卑下、また共感的な反応がどのような位置で現れるのか、前後の文脈から観察する。同時に発話の組み立て方にも焦点を当てる。

会話データを収集後、データの文字起こしを西阪（2008）に従って行った。また、身体動作の表記は、Mondada（2007）と安井・杉浦・高梨（2019）に従った。トランスクリプションの記号と意味を表 3-1 に示す。「アルファベット表記」と「→」の項目、「¥hh hh hh¥」は筆者が加えた。

表 3-1　本研究におけるトランスクリプションの記号一覧

記号	意味
[	発話の重なりの開始
]	発話の重なりの終了
:	直前の音の引き延ばしとその長さ
（　）	聞き取りが不可能
（言葉）	聞き取りが確定できない
（（　））	発言の要約やその他の注記

記号	意味
(数字)	音声が途切れている状態かあるいはその秒数がほぼ 0.2 秒ごとに ( ) に示される
言 (h)	笑いながら発話が産出される場合、呼気を伴う音のあとに (h) を挟む
(.)	0.2 秒以下の短い間合い
,	音が少し下がり弾みがついている
¥　　¥	発話が笑い声でなされている。呼気音が笑い声でなされている場合は ¥hh hh hh¥ のように表記する
↑	音調の極端な上がり
＜　　＞	発話のスピードが目立って遅い
＞　　＜	発話のスピードが目立って速い
言葉	斜体により、音が大きいことを示す
=	2 つの発話が途切れなく密着している
.	語尾の音が下がって区切りがついた
-	言葉が不完全なまま途切れている
hh	呼気音とその長さ
.hh	吸気音とその長さ
下線	音の強さは下線によって示される
@@ ++	同一記号で囲まれている部分は特定の身体動作が続く。会話参加者ごとに別の記号で表記
@ --->	@で示された身体動作がその先の行まで続く
....	身体動作の準備段階
----	身体動作に至りかつ保持されている状態
,,,,	身体動作の撤退
ptg	指さし
アルファベット表記「r」、「n」、など	完全に「る」になっていないときは「r」、「うん」になっていない場合は「n」のように表記する。例えば「お r」のような場合、恐らく「俺」と言おうとしたと考えられるが、俺の「れ」の部分が明確に発せられておらず、「お r」と聞こえる場合にはアルファベットで示す
→	本研究で注目する発話

　また、本文中で本研究のデータを提示する際に、以下のように示す。

（1）　テニスサークル　男×男　（初対面）

A：

B：

　上記の表記は以下のような意味である。

（1）〔タイトル〕〔研究協力者の性別〕〔（二人の関係)〕

A：

B：

第4章

自慢に対する共感が
対人関係構築に果たす役割
―自慢の継続に貢献するための共感的な反応―

1. はじめに

　日常生活において、私たちは、どのようなときにどのようなことを自慢しているのだろうか。自慢は聞き手にとっては、心地良い語りとはいえず、ときには嫌みに聞こえてしまうこともある。しかし、それでも私たちはポジティブな経験や嬉しい出来事をつい他の人と共有したくなってしまう。それは、自分のことを単に聞いてほしいという欲求だけではなく、相手に認めてほしい、自分のことを相手に知ってほしいという表れでもある。自慢の語り方によっては、それが聞き手には報告として聞こえ、自慢として聞こえない場合がある。反対に語り手は報告をしただけで自慢として語っていなくても、聞き手には自慢として聞こえることもある。ここに自慢を語ることと聞くことの複雑さがある。また、誰が、どのようなタイミングで、どのように自慢を切り出し、開始するかでその後のやりとりも変わってくる。自分のことについて自ら誇るよりも、第3者による褒めによって「自慢」が促されるほうが相互行為上のトラブルが起こりにくいことが報告されている (Speer 2012)。本研究では、自慢のきっかけを誰 (語り手・聞き手) が作り、どのように自慢が開始されるのかに着目する。また、自慢の継続についても観察する。具体的には、自慢の語り方と共感的な反応の観点から自慢の特徴をみていく。

　2節ではこれまでの自慢に関する先行研究を取り上げる。3節では分析対象となるデータを示す。4節では、会話の流れの中で自慢に対する共感的な反応について発話連鎖のパターンをみていく。5節では、自慢を継続させるための方法について述べる。6節では、まとめを行う。

2. 先行研究

　Speer(2012)は、語り手が「自慢」をするときにどのような調整を行っているかを分析している。その結果、自ら自分のことを誇るよりも、第3者による褒めによって「自慢」が促されるほうが相互行為上のトラブルが起こりにくいと述べている。Speer(2012)が述べている通り、自ら積極的に自慢をすることによって、トラブルが生じる可能性がある。なぜなら、社会的な規範から考えるとポジティブな経験を自ら積極的に語った場合、聞き手に不快感を与えてしまうからである。また、自慢の語りが長くなればなるほど、聞き手はどのようなタイミングでどのような反応を示すことが期待されているのかを判断することが困難になる。釜田(2017)は、積極的に「自慢」を語るというよりも、アドバイスの中に「自慢」が組み込まれていることがあると報告している。

　Pomerantz(1978)は、「自慢」には制約があると指摘している。例えば、褒められたときに、その褒めに対して同意した場合、同時に「自慢」をすることになってしまうため、同意しないようにする。また、自ら「自慢」を語った場合、その聞き手が「自慢」に対して皮肉を述べたり、批判的な評価を行ったりすることで、「自慢」を抑制することがあると述べている。Pomerantz(1978)が指摘している通り、「自慢」にならないようにしたり、「自慢」を抑えようとしたりすることがある。

　第2章でもふれたが戸江(2008)は、子育てに関する悩みごとの会話を分析している。乳幼児を持つ母親たちが自分の子供の成長について語るとき、それが自慢として聞かれる可能性に敏感であるという。また自分の子供のことを自慢していると捉えられることを回避しようとする。戸江(2008)の指摘から、会話に参加している者が同じ状況・立場であった場合などに、自分と相手の比較に繋がる可能性があることに母親たちは敏感である。例えば、自分のことについて語ったつもりの自慢が、聞き手に比べられていると感じさせてしまうこともある。したがって、「自慢」を語る側と聞く側の両者にそれぞれジレンマが生じることがある。自慢を語る側は、自らのポジティブな経験を聞き手と共有したいと思うが、一方で相手に誤解や不快感を与えてしまうのではないかと考える。自慢を聞いている側は、語り手のポジティブな経験を前向きに捉えたいと思うが、一方で自分と比較されているのではないかと考える。

第4章　自慢に対する共感が対人関係構築に果たす役割 ｜ 65

　先行研究を踏まえると、「自慢」は社会的な規範から積極的に語ることを
控えるべき性質がある。しかし、それでも私たちは、良いことがあった際に
誰かにそのことを共有したいと考える。共有したいと考えるのは、単に自分
のことを誇るだけでなく、一緒に喜んでほしい・認めてほしいという表れで
はないか。では、聞き手が自慢に対して共感的な反応を示す場合、何が達成
されているのか。本研究は自慢に対して寄り添うような反応を示しているや
りとりを観察する。
　先行研究を整理し、本研究の位置づけ（図4-1）を述べる。

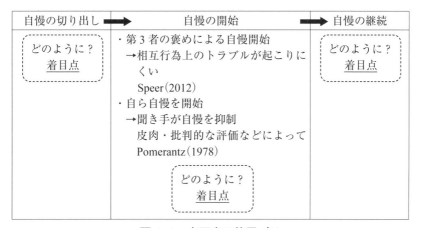

図4-1　本研究の位置づけ

　本研究では、図4-1の「どのように？」という箇所を明らかにする。
　1つ目は、自慢がどのように切り出されるかについてである。自慢に繋が
る発話がどのように切り出されるのかに着目する。誰がどのように切り出す
かによって、自慢の開始に大きく影響する。
　2つ目は、どのような発話が会話相手の自慢を引き出すきっかけとなって
いるのかについてである。これまでの先行研究では、自ら自慢を語る場合と
そうでない場合の特徴が明らかにされてきた。自ら自慢を語る場合は、聞き
手が自慢を抑えようとする（Pomerantz 1978）。一方第3者による自慢の開
始は相互上のトラブルが起こりにくい（Speer 2012）。Speer（2012）が指摘し
ている通り、第3者の褒めによって自慢が促されることがある。そこで、本
研究では自慢に繋がる発話に着目する。

　3つ目は、　自慢を継続させるための聞き手の反応についてである。Pomerantz(1978) は、自慢を聞いている側は、なんとか自慢を抑制しようとすると指摘している。社会的な規範から考えると、自慢を聞いている側は心地良いとはいえない。それでも、聞き手が自慢に共感的な反応を示すこともある。どのように反応することで語り手の自慢を促しているのかをみていく。

3.　分析対象となるデータ

　本研究は、日本の同じ大学に通う学部 1 年生の二者間の会話を分析対象とする。主に 4 つの調査から収集した会話データを分析する (表 4-1)。

表 4-1　会話データ

	関係	収録時期	ペア
1	初対面	2010 年 5 月〜 6 月	20
2	知人	2014 年 6 月〜 7 月	20
3	知人	2020 年 8 月	22
4	知人	2021 年 6 月〜 7 月	22

　1 と 2 については、調査者から話題の指定はせず、自由に約 15 分間、会話をしてもらった。会話中、調査者はその場から退室した。会話は全て IC レコーダーで録音した。3 と 4 についても、調査者から話題の指定はせず、自由に約 15 分間、会話をしてもらった。新型コロナウイルス感染拡大防止のため、Zoom による会話を収録(録音・録画)した。調査者は二者間の会話中、その場から退室し、退室したことが会話参加者たちにも視覚的にわかるようにした。

4.　会話の流れ

　本研究では、「自分のことや、自分に関係のあることを他人に誇ることで、賞賛されることを期待している語り」を「自慢の語り」とする。
　では、自慢のやりとりの流れについて述べる。ここでは、データ 1・2 を分析対象とする。
　まず、想定される「自慢」に対する発話連鎖を以下の図 4-2 に示す。

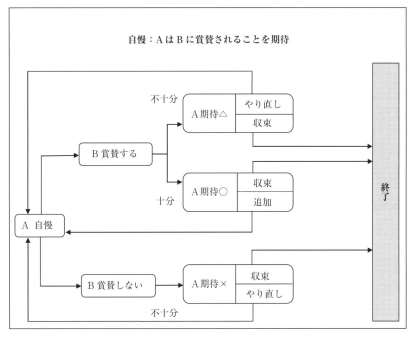

図4-2　想定される「自慢」の発話連鎖

　Aは語り手、Bは聞き手を指す。以後、AとBと呼ぶことにする。図4-1の中に出てくる表記について説明する。

A期待○	収束
	追加

A期待△	やり直し
	収束

A期待×	収束
	やり直し

　図4-1の中にある上記の「A期待○、期待△、期待×」の表記は、AがBに期待する反応を得られたかを意味する。Aが経験を語ったことに対してBが示した反応が、期待する反応だった場合を○、期待する反応ではあるが不十分であった場合を△、期待する反応ではなかった場合を×とする。また「追加」、「やり直し」、「収束」の表記は、Aの語りの行方を意味する。「追加」は、Aが更に語っている場合である。「やり直し」は、再度、語っている場合である。「収束」は、語り自体が終了に向かっている場合である。上

記の記号と意味を簡単に以下にまとめる。

＜期待する反応がBから十分に得られた場合＞

Aが「自慢」を追加する場合もあれば、「自慢」が収束していく場合もある。

＜期待する反応がBから十分に得られなかった場合＞

Aは再度「自慢」を語ること（やり直すこと）で期待する反応が得られるまで語る場合もあれば、「自慢」が収束していく場合もある。

＜期待する反応がBから得られなかった場合＞

Aが再度「自慢」を語ること（やり直すこと）で期待する反応が得られるまで語る場合もあれば、「自慢」が収束していく場合もある。

「自慢」は、聞き手に賞賛されることを期待している。Aが「自慢」を語り、Bから賞賛する反応がきた場合、Aの期待が満たされて「自慢」を更に語る場合もあれば、収束していく場合もある。一方、賞賛する反応が示されても、Aの期待に対して十分でない場合は、Aは「自慢」をやり直す場合もあれば収束していくこともある。また、BがAの「自慢」を賞賛しない場合、Aは「自慢」をやり直すこともあれば、収束していくことも考えられる。

　次に分析結果を以下の図 4-3 に示す。調査の結果、データ 1・2 において「自慢」のやりとりが 12 例みられた。

　本研究では次の太字のパターン 1、2、3 が現れた。括弧で示したパターンは本研究のデータから観察されなかったパターンである（以下同様）。

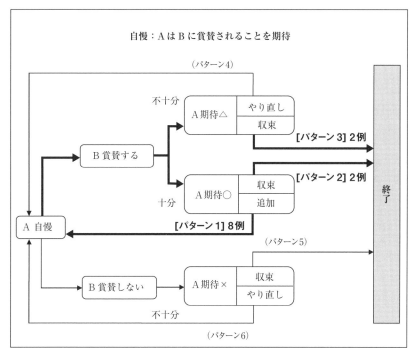

図 4-3　「自慢」の発話連鎖

　パターン 1 は、A の「自慢」に対して十分な反応が示され、「自慢」が更に語られている。パターン 2 は、「自慢」に対して十分な反応が示され、「自慢」が収束していく。パターン 3 は、A の「自慢」に対して B は賞賛を示してはいるが A にとっては十分ではなく、A はその後「自慢」をやり直すこともできたが、B によって話題が変えられてしまい、「自慢」が収束していく。具体的に、どのような連鎖がみられたかを以下の表 4-2 にまとめる。

表4-2 「自慢」に対する共感発話の連鎖パターン

パターン	Aの「自慢」	Bの反応	Aの反応
1-1	高校のときに雨の日に親からもらったバス代を貯めていた	「かなり稼げるでそれいいね.」	
1-2 (1-1続き)	親にばれなかった	「[ええ].hhすごいhh .hh hu [hu hu]」	
1-3 (1-2続き)	貯め続ければ5日間で三千円になる	「えもう雨やったって感じじゃん.」((「やった」は達成感の意味である))	
1-4 (1-3続き)	頑張れば、高校のときに貯めたお金で生活できる	「生活できるよね.すごいね.」	
2 (1-4続き)	勢い良くお金が貯まっていく	「なんもshi-別にしてないのにみたいな.」	「そそそそ」 終了
1-5	下宿は楽しい	「いいね？：なんか」	
3 (1-5続き)	下宿生活は何時に帰っても自由、友達の家で遊んでて泊まったりもできる	「いいじゃ∼ん(.)でそうそうしたいんだけど：：」「そうバイトが：地元でやってて：でそれを辞めたくなくって」	「バイトなにやってる？」 終了
1-6	AとBの共通の友人と同じマンションに住んでいる	「いいね？」「いいな.：楽しいよね.」	
3 (1-6続き)	今、住んでいるマンションは130部屋あり、他大学の人や、同じ大学の1年生を既に7人知っている	「すごいね.：：」(1.1)「いいじゃん.(0.4)いいとこみんな抑えてるね.」「農学部(0.2)この前解剖したっていう話を聞いた」	「あそ：そ：金魚ね.」 終了
1-7	Eの席(コンサートのチケット)が当たった	「え超いいじゃん.」	

1-8 (1-7 続き)	友達が良い席のチケットを前回も今回も当ててくれてそれに行く	「＞てかプレゾンってそんなに当たるもんなの．＜」	
2 (1-8 続き)	千秋楽はほぼ当たらない(しかし、それを友達は当ててくれて一緒にコンサートに行くことになった)	「だろうね．」	「ん」「だからびっくりした」 終了

　上記の表 4-2 をみると、B は A の「自慢」に対して「良い」、「すごい」という評価を行う表現によって賞賛を示していることが特徴として挙げられる。
　以下、「自慢」の発話連鎖のパターン 1、パターン 2、パターン 3 について事例を参照しながら論じる。パターン 1 とパターン 2 は繋がっているため、最初にパターン 1 とパターン 2 を述べ、次にパターン 3 を述べる。パターン 1 は、A の「自慢」に対して B が賞賛し、A が「自慢」を更に語る場合である。継続的に語られた A の「自慢」に、B が賞賛をし、「自慢」が収束していくのがパターン 2 である。パターン 2 は、パターン 1 の続きの「自慢」であり、語りが続いているため、パターン 1 とパターン 2 をセットで述べていく。

＜パターン 1・2＞
(1)　貯金方法　A 男 × B 女　　（初対面）
(A が高校の頃に雨の日に親からバス代としてもらっていたお金を、内緒で貯金していたと「自慢」をしている場面である。9 行目の「めっ hya」は「めっちゃ」のことである)

　1　A：na でも一応なんか：
　2　　　(0.2)
　3　A：中高で：(0.2)なんか机ん中の：(.)貯金みたいのな：
　4　B：u ¥ hh hh hh ¥
　5　A：余ったやつ入れとったやつがあるで：相当まだ持つんやけ [(ど)]

```
 6 B:                                              [う] お
 7    (0.7)
 8 B: 相当貯めたね．hh
 9 A: めっhya貯めたね      ((お菓子を食べながら))
10    (0.6)
11A: なんかさ：(0.5)俺高校雨の日は：
12    [バスな]んやけど：    ((お菓子を食べながら))
13B: [°う：ん]
14B: う：ん
15A: なんか(.)いえから：高校まで(.)が片道310円なんやんて
16B: ほ：=
17A: =結構高いやん
18B: う：んちょ[っと高い]
19A:          [で：] 往復で620円で
20B: うう[：]
21A:    [で]もなんか毎-毎回雨降る度に現金620円もらっとったやけど
22B: ¥ああ：：¥=
23A: =でもらってから：
24B: う[ん]
25A:   [チ]ャリで
26B: う↑わ：[：：]            ha [ha .hh  ha ha .hh].hh
27A:       [doこまで行って：]     [ka りてきると：]
28B: 貯める[じゃん.]
29A:      [そう]いちんちで：
30    620円[か(       )]
→31B:      [かなり] 稼げるで．それいいね．[hh]
32A:                                [そう]
33    (0.5)
34B: それバレてなかったの．
35A: うん？ なんか(0.4)あの：バス停までが：
36B: う[ん]
37A:   [い]ちキロあるんやて(.)いえから
```

38B：まじで.
((省略：5 日間続ければ、三千円になると A が述べている。また、頑張れば
　　そのお金で生活できると A は述べている))
39A：めっちゃもうすごい勢いで：
40B：ha ha [ha ha　ha .hh]
41A：　　　[お金が貯まって] いくって [いう]
42B：　　　　　　　　　　　　[ha ha].h[h]
43A：　　　　　　　　　　　　　　　[>he] he<
→44B：なんも shi- 別にし [て] ないのにみたいな.
45A：　　　　　　　　 [.hh]
46A：そそ [そそ]
47B：　 [he he] he .hh
48　 (0.7)

　パターン 1 では、A の「自慢」に対して B が賞賛を示すことで A が更に
「自慢」を語りやすくする機会を作り出している。この事例で A は、高校時
代に親からもらったお金を貯めてきたと語り（自慢）、B は 31 行目で「それ
いいね.」と賞賛を示している。
　A は 5 行目において、「相当まだ持つ」としばらくお金に困らないと述
べ、この発話に対して B が「相当貯めたね.」（8 行目）と確認を求めるかたち
で A を褒めている。9 行目で A は「めっ hya 貯めたね」（「めっ hya」はめっ
ちゃのこと）と貯めたことを誇り、貯金の経緯について語り始めている（11
行目）。A が 1 日 620 円の雨の日のバス代をバスに乗らずに貯めていたと語
る（15、17、19、21、23、25、27、29、30 行目）と B が「かなり稼げるで.
それいいね.」（31 行目）と A の貯金方法に賞賛を示している。つまり、A の
「自慢」に対して共感的な反応をしている。同時に「それいいね.」という
発話は単に「良い」と評価しているだけでなく、羨むような言い方でもあ
る。串田（2001）は、相手の報告を聞き、自分には共通の経験がないことが
わかったとき、それを報告しないことが多いと指摘している。その代わりに
行われるのは「あやしいー」などと、その経験を評価することであると述べ
ている。串田（2001）が主張している通り、事例（1）の場合においても B は
A の経験を評価している。更に、この事例では「かなり稼げるで. それいい

ね.」(31 行目) と単に A の経験を評価するだけでなく、「それいいね.」と羨むほどのことであると好意的な態度を示している。A は「そう」と B の発話を受け入れ肯定し、B は「自慢」の続きを促している。その後、A の「自慢」が何度も繰り返される (詳細は表 4-2)。A は 39、41 行目で、この方法で貯金をすれば、勢いよくお金が貯まると語ると (「自慢」)、B は A の「自慢」に対して、なにもしていないのにお金が貯まると賞賛し (44 行目)、46 行目で A の「自慢」が収束へ向かっている (パターン 2)。

　以上のように、A の「自慢」に対して B が十分な賞賛を示した場合、A は「自慢」を続けることができる。A が期待する反応が B から示されたことによって、A は「自慢」を継続的に語り、最終的には「自慢」が収束していた。このことから、A は、B の反応と自らの「自慢」の語りに満足した時点で、「自慢」を継続することから終了することへと切り替えようとすると考えられる。つまり、このような切り替えが欲求を満たした表れであると解釈することができるのである。「自慢」を継続的に語ることについては 5 節で詳しく論じる。事例 (1) の会話の流れを簡単に以下に示す。

＜事例 (1) の会話の流れ＞

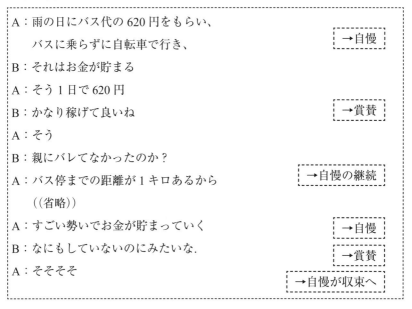

A：雨の日にバス代の 620 円をもらい、
　　バスに乗らずに自転車で行き、　　　　　　→自慢
B：それはお金が貯まる
A：そう 1 日で 620 円
B：かなり稼げて良いね　　　　　　　　　　　→賞賛
A：そう
B：親にバレてなかったのか？
A：バス停までの距離が 1 キロあるから　　　　→自慢の継続
　　((省略))
A：すごい勢いでお金が貯まっていく　　　　　→自慢
B：なにもしていないのにみたいな.　　　　　→賞賛
A：そそそそ
　　　　　　　　　　　　　　　　　　　　　　→自慢が収束へ

　次にパターン 3 について論じる。パターン 3 は、A の「自慢」に対して B は賞賛を示しているが、賞賛が A にとっては十分ではなく、A が「自慢」をやり直す前に B によって、話題が切り替えられている。

＜パターン 3 ＞
(2)　A の一人暮らし　A 女 × B 女　（初対面）
（A は下宿生であり、下宿先は大きなマンションで、そのマンションに住んでいる同じ大学の 7 人と既に知り合いであると「自慢」をしている場面である。B は自宅から大学まで通っている。2 行目の「ちっち」とは、「私」のことである）

```
  1 A：たの - なんかね：
  2 　 ちっち (0.2) マンション結構でかいマンションで [：]
  3 B：                                              [うん]
  4 A：130 部屋
  5 　 (0.3)
  6 B：うん [うん]
  7 A：    [あっ] て：(.) でま他の大学もいるんだけど：
  8 　 なんか今とこ：.hh 一年生で (.) ○大が (.)
  9 　 うち知ってる中で 7 人ぐらいいるんだよもう
 10 　 (0.4)
→11 B：すごいね.：：
 12 　 (1.1)
→13 B：いいじゃん.(0.4) いいとこみんな抑えてるね.
 14 　 h [hh hh hh .hh]
 15 A：  [hh hh hh .hh]
 16 B：そっか：○○○ちゃん　((A と B の共通の友人の名前))
 17 　 (1.4)
 18 B：へ：：(.) あっ農学部 (0.2) この前解剖したっていう話を聞いた
 19 A：あそ：そ：金魚ね.
```

　この事例で注目したいのは、前述したパターンとは逆に、マンションが大

きく、知り合いもいるというＡの「自慢」(1–2、4、7–9行目)に対してＢ
の反応が鈍く、好意的に賞賛を示していない点である。そして、ＢはＡの
学部の農学部は金魚を解剖したということを聞いたと話題を移している。

　Ａは、自分の住んでいるマンションを「結構でかいマンションで：」と
大きなマンションであり、130部屋あると「自慢」をしている(2、4行目)
が、Ｂはすぐに反応せず、0.3秒の沈黙後、Ｂは「うんうん」(6行目)と聞
いていることを示すことに留まっている。つまり、ＢはＡの語りを「自慢」
として聞いているにもかかわらず、Ａの「自慢」を賞賛していない。Ｂから
十分な反応が得られない状態である。しかし、Ａは「自慢」を続けており、
同じ大学に所属する人を7人も知っていると、自分が住んでいる環境がど
れほど優れているかを伝えており(7–9行目)、ＡはＢに賞賛されることを
期待している。しかし、ここでも0.4秒の沈黙が生じ、その後Ｂは「*すご
いね.::*」と賞賛のことばを発している(11行目)が、具体的に何がどう「す
ごい」かは示されていない。その後、1.1秒の沈黙の後(12行目)にＢは再
度、「いいじゃん.」と賞賛を示しているが、Ｂは更に踏み込んで質問を行っ
たり、先の事例(1)のように羨んだりするような振る舞いはしていない。し
たがって、ＢはＡの「自慢」を心地良く捉えていないと考えられる。10、
12行目の沈黙からもそれが窺える。

　第3章で示した通り、Sacks(1987)は同意をすることが難しい場合におい
ても、同意に近いかたちで応答しようとすることがあると述べている。この
事例の場合も、Ａの「自慢」に対するＢの反応の鈍さが沈黙の出現からみ
られるが、Ｂは表面的でも賞賛を示そうとしている。しかし、再度長い沈黙
が生じ(17行目)、ＢはＡの「自慢」の語りを終わらせて、話題を変えよう
としており、更に「自慢」を聞きたいという態度は示していない。その後、
Ａの「自慢」が繰り返されることはなかった。Ａが期待するような反応を十
分に示していない点がパターン1、2とは異なる。事例(2)の会話の流れを
簡単に以下に示す。

＜事例（2）の会話の流れ＞

```
A：自分のマンションは結構大きいマンションで        →自慢
　　130 部屋ある
　　(0.3)                                      →反応なし
B：うんうん
A：他の大学の人もいて、同じ大学の人を            →自慢
　　既に 7 人知っている
　　(0.4)                                      →反応なし
B：すごいね.::                                  →賞賛
　　(1.1)
A：良いね。(0.4) みんな良い所を押さえている。      →賞賛
　　(1.4)                                      →反応なし
B：農学部はこの前、解剖したと聞いた              →次の話題へ
A：そう、金魚
```

　以上の結果を踏まえて、3 つのパターンを整理する。本研究のデータにおいて、パターン 1、2 は語り手にとって十分な賞賛が聞き手から得られたと考えられるが、パターン 3 は賞賛が十分ではない。パターン 3 の事例では、徐々に聞き手が話題を移そうとしていることが窺えた。以上のことから、「自慢」を語り続けるには聞き手の協力が必要であり、聞き手は語り手の期待を汲み取り、賞賛を示そうとしていることが明らかになった。

　最後に、本研究のデータにおける「自慢」の発話連鎖のパターンの特徴を以下の表 4-3 から表 4-5 に示す（事例は筆者が要約したものである。以下同様）。

表 4-3　自慢の発話連鎖パターン 1

1A：E の席が当たった 2B：超いいじゃん 3A：友達が当てたの	1A：自慢を語る 2B：賞賛する　　共感的な反応 （更に A が自慢しやすい機会を作り出す） 3A：自慢の続きを語る	8/12 例

表4-4　自慢の発話連鎖パターン2

1A：千秋楽は 　　ほぼ当たらない 2B：だろうね 3A：だから 　　びっくりした	1A：自慢を語る 2B：賞賛する　共感的な反応 3A：自慢が収束へ向かう	2/12 例

表4-5　自慢の発話連鎖パターン3

1A：住んでるマンション 　　は130部屋ある 2B：すごいね。 　　農学部解剖したって 　　聞いた 3A：金魚ね	1A：自慢を語る 2B：賞賛する　共感的な反応 （話題が変わる／Bの語りが始まる） 3A：自慢が収束へ向かう	2/12 例

　本研究のデータにおいて、「自慢」に対して聞き手は、パターン1のように賞賛をして「自慢」を促す方法もあれば、パターン3のように表面的に賞賛はしながらも、これ以上は聞きたくないというシグナルを発信する方法もあることが事例から示された。また、どのように・どのような「自慢」を語るかという問題だけでなく、聞き手にとって、その「自慢」が心地良いものなのか・そうでないのかが、その後も「自慢」を継続して語ることができるかどうかに大きく関わってくることが事例によって示された。

5.　自慢を継続させるための方法

　ここでは、自慢の切り出し方・開始・継続と聞き手の共感的な反応の特徴について述べる。まず、どのように自慢を切り出すかについて述べる。次に自慢の開始と継続、また聞き手の共感的な反応について論じる。

　データ1・2・3・4を分析対象とする。全部で36例の「自慢」のやりとりがみられた。

5.1　自慢の切り出し方

　自慢の切り出し方については、大きく2つの特徴が観察された。1つ目は、自ら自慢を語ることである。2つ目は、聞き手による自慢の促しである。聞き手が自慢に繋がる発話を切り出すことによって、語り手が自慢を開

始している。

① 　自ら自慢を語る　　　　（16/36 例）
② 　聞き手が自慢を促す　　（20/36 例）

　①は、英語の点数が上がったことや彼氏がご飯を作ってくれたことなどを自慢している場合である。②は、聞き手が語り手の対応能力が高いと褒めたり、語り手にとって嬉しい出来事を報告したりすることで自慢のきっかけを作り出している。
　①と②の自慢の切り出し方を更に細かく観察すると、以下の特徴がみられた（表 4-6）。

表 4-6　自慢の切り出し方

自ら自慢を語る（語り手が自らのことを提示）
① -1　これから語ることを既に話したかどうかの確認あり
① -2　これから語ることを既に話したかどうかの確認なし
聞き手が自慢を促す（聞き手が語り手に関連することを提示）
②　　これから語ることを既に話したかどうかの確認なし

　その特徴とは、これから語ることを既に話したかどうかの確認がある場合とない場合である。語り手が自らのことを提示する場合、語り手は聞き手にこれから語ることを既に伝えたかどうかを確認する場合（① -1）と確認しない場合（① -2）がある。一方の聞き手が語り手に関連することを提示する場合、これから語ることを既に話したかどうかの確認はなかった（②）。
　上記の① -1、① -2、②に関連する箇所に、以下のような囲みを行う。

```
┌ ─ ─ ─ ─ ─ ─ ─ ─ ─ ─ ─ ┐
└ ─ ─ ─ ─ ─ ─ ─ ─ ─ ─ ─ ┘
```

① -1　これから語ることを既に話したかどうかの確認あり
　二回目の席というのは、ミュージカル会場での席のことである。A は、良い席が取れたと「自慢」をしている場面である。6 行目のプレゾンとは、日本のミュージカル作品のことである。

```
1 A: てかさ言ったっけ？なんか(0.4)席(0.2)二回目の席
2 B: °なに？二回目の席っ[て°]
3 A:                    [ん-]
4 A: なんか((お菓子を飲み込む))
5    (.)
6 A: プレゾンって：(.)前半と後半ん-でチケの：
7    配達日が違うの[ね]
8 B:            [あ]違うの.
9 A: そ[そ]
10B:   [ん]ん
11A: で.hh =
12B: ＝え一回目来たのがさ：何[列目だっけ.]
13A:                   [か(.)C]列だ[ったの]
14B:                          [＞ああああ＜]
15A: そしたら次のもEで
16    (0.2)
17A: なんかX[A A B C] D Eで：
18B:      [A B C D]
19B: え超いいじゃん. ＝
```

　この事例の1行目で、Aは、二回目の席について、Bに既に話したかどうかを確認している。Bは「°なに？二回目の席って°」(2行目)と二回目の席について知らないことを表明し、Aが自慢を開始する(4行目)。もし、2行目でBが二回目の席のことを「聞いたよ」と確認を与えた場合、Aは自慢を開始することができない。このように聞き手が、新情報であると告げることによって(2行目)、語り手はその先の連鎖を開始することができる(Schegloff 2007)。

　一方で、語り手が聞き手にこれから語ることについて、確認せずに自慢を切り出す(表4-6の①-2)場合もみられた。

① -2　これから語ることを既に話したかどうかの確認なし

　A は学生用のマンションに住んでおり、B は自宅から大学に通っている。A が自分が住んでいるマンションについて「自慢」をしている場面である。

```
 1 A: たの - なんかね:
 2    ちっち(0.2)マンション結構でかいマンションで [:]
 3 B:                                    [うん]
 4 A: 130 部屋
 5    (0.3)
 6 B: うん [うん]
 7 A:    [あっ] て:(.)でま他の大学もいるんだけど:
 8    なんか今んとこ:  .hh  一年生で(.)○大が(.)
 9    うち知ってる中で 7 人ぐらいいるんだよもう
10    (0.4)
11B: すごいね. ∵
```

　A は、現在、住んでいるマンションについて、マンションの大きさ(「結構でかい」2 行目)や部屋数(4 行目)、更に他大学の学生も住んでおり、自分の大学に通う 1 年生のことを知っていると述べている(7–9 行目)。「7 人ぐらいいるんだよ」(9 行目)という「よ」などの言語形式から、B よりも自分がよく知っていることを表明している(Hayano 2011)ことが窺える。以上のように、① -2 の場合は、① -1 とは異なり、聞き手に既知情報かどうかの確認は行わず、自慢を切り出している。

　では、最後に聞き手が語り手に関することを提示している事例をみていく。聞き手は既に語り手のポジティブな経験を知っているため、① -1 のような確認作業はみられなかった(表 4-6 の②)。

②　　これから語ることを既に話したかどうかの確認なし

　A が当てたミュージカル会場の席について、B が A の自慢を促している場面である。

```
27B: => てかプレゾンってそんなに当たるもんなの.<
```

28A：当たらない
((省略：平日は地方の人が多いため、プレゾンが当たりやすいとＡが述べている))
29A：千秋楽が：(.)[も] ほほ [：] 当たんない＝
30B： 　　　　　[ね] 　　 [んn]
31B：＝だろうね．＝
32A：＝ん
33 　(1.4)((お菓子を食べている音))
34A：だからびっくりした((お菓子が口に入っている))
35B：ん：

　上記の事例は、①-1で示した事例の続きである。Ｂは、プレゾンがそんなに当たるのかどうかを確認している(27行目)。このＢの確認は、事実確認というよりも、Ａがミュージカルで2回、良い席を当てたことを踏まえて、更にＡに関することをＢが切り出しているような発話である。

5.2　自慢の開始と継続
　自慢の開始と継続についての分析結果を述べる。
　ＣとＤは、ファンになったアイドルについて話している。この前のやりとりで、ＣとＤは、一番最初に支持していたアイドルと現在、支持しているアイドルは異なると話している。

(3)　撮影会と握手会　Ｃ女×Ｄ女　(クラスメイト)
1 C：だからさ 顔じゃないんだよ 人間て：((お菓子を食べている))
2 D：顔じゃないのか．
3 　(0.2)
4 C：[うん
5 D：[顔じゃないんだよ 顔[じゃない
6 C：　　　　　　　　 [顔じゃないん[だよ
7 D：　　　　　　　　　　　　　 [えけどさ：
8 　あれ 私 見たよ ストーリーで ＜チェキ：当たったみたいな＞
9 　チェキ ＞当たっ[た？＜ チェキ
10C：　　　　　　 [＞ それ 当↑たった↑よ ＜

11D: え　それ [すごいなあと思って:
12C: 　　　　　[°うち°
13 　(.)
14D: え　だって:=
15C: =サイン会も当たったの
16 　(0.3)
17D: みんなじゃ　そ-見た　見た　見た
→18 　え　みんな　当たるわけじゃないでしょう.
→19 　だって [JYPのやつだったら　確率低くない?
20C: 　　　　[うん
→21D: そんな高くない [っしょ.
22C: 　　　　　　　　　[めっちゃ低い　うん
23 　うち:は　東京　あ:　違う　うん　まあ　いいや
24 　東京会場は20人しかチェキ当たんなくて:,
25D: ((口と目を大きく開ける))
26C: サイン会も50に [んしか当たんないのね
27D: 　　　　　　　　　[°やば°
28 　(0.3)
29D: いや　えっ?　どっちも当たったでしょう?
30C: ((一度うなずく))
→31D: はぁ　ヤバくない?
32C: ¥ヤ↑バいよ↑ね:¥
33 　(0.3)
→34D: えっ　いつ?　いつ?　まだまだコロナ=
35C: =もう　なんか　延期の延期の延期で:

　この事例で注目したいのは、聞き手が語り手に確認という形式を利用して
自慢の続きを促していることである(18–19行目)。また、自慢に対してす
ぐに共感的な反応を示すのではなく、自慢の内容を十分に認識したうえで反
応している点にも着目する(31行目)。
　直前のやりとりでは、ＣとＤが一番最初に支持していたアイドルと現
在、支持しているアイドルは異なると話している。

　Cは、人間は顔ではないと述べ（1行目）、Dは「顔じゃないのか.」（2行目）と納得している。その後、Dは、ストーリーでチェキが当たったのを見たと報告し（7-8行目）、「チェキ＞当たった?＜チェキ」（9行目）とチェキが当たったかどうかを確認している（「ストーリー」とは、インスタグラムのストーリーズ機能のことである。「チェキ」というのは、アイドルと一緒に写真撮影ができるイベントのことである）。Cは当たったと早口で確認を与えている（10行目）。Cが当たったことに対して、Dは「それすごいなあと思って:」とすごい出来事と評価している（11行目）。更にDが発話を続けようとし（14行目）、Cが「サイン会も当たったの」と自慢を開始する（15行目）。Cの自慢を受けて、Dはみんなが当たるわけではないと確認を求め（18-19行目）、Cは、「うん」（20行目）と確認を与えている。更にDは、当たる確率は高くないという同意を求め（21行目）、Cは「めっちゃ低い」と「めっちゃ」と程度を高めて容易に当たるものではないと同意している（22行目）。その後、Cは具体的に場所（東京都）と人数（20人）を示して、どれだけ限られた人が当たったかを伝えている（23-24行目）。Cは、①東京会場という場所を持ち出していることや、②「20人しか」と「しか」という表現を用いて少ない人数を提示している。①と②の点からもチェキが当たるチャンスが限られているという自慢の仕方である。この自慢の語りは、自分ではコントロールできないことであるという語り方である。このように語ることで、自分にとってポジティブな経験を前面に出すことを回避している。同時にDに、ニュース性の高い情報として当たる確率の説明をしている点においても積極的な自慢にならないように配慮しているといえる。

　Cの自慢に対してDは、音声は発していないが口と目を大きく開け、驚きを示している（25行目）。このDの反応は、Cの発話の続きを促している。そしてCは、サイン会も50人しか当たらないと説明している（26行目）。ここでもCは「50にんしか」と当たる確率が高くないことを述べている。Dは、そのどちらも当てたかどうかの確認を行い（29行目）、Cはうなずき、確認を与えている（30行目）。Dは、「ヤバくない?」（31行目）と共感的な反応を示し、Cは「¥ヤ↑バいよ↑ね:¥」と笑いながらDが発した「ヤバ」を繰り返している（32行目）。Cは「よね」という言語形式を用いることで、互いの認識が一致していることを示している。「よね」について、日本語記述文法研究会（2003）は、話し手の知識に基づいていることが多いと

指摘している。したがって、写真撮影会とサイン会を当てたCが、Dより
も詳しく知っている、また当てた当事者であるということが言語形式からも
観察できる。

　ここで、Dの「ヤバくない？」(31行目)という共感的な反応に着目する。
まず、表現に着目すると、Dは「やばい」という形容詞を用いている。『学
研現代新国語辞典』改訂第五版(2012: 1431)では「やば・い」の意味・用法
は「不都合である。危険である。「見つかると－・い」」と記述されている。
しかし、この文脈においては、真逆の意味で用いられていることがわかる。
DはCにどちらも当てたのかと確認を行い、Cがうなずくことでその通り
であるという確認を与えている(30行目)。したがってCが写真撮影会もサ
イン会も当てたことは、不都合というよりもむしろ好都合である。当たる確
率が高くないことをCは既に説明していることからも、好都合であること
が明らかである。そのため、Dは「ヤバくない？」という確認の形式を用い
て、両方当てたことが好都合ではないかと確かめているというよりも、貴重
な機会であることが自分にも十分理解できるという反応をしている。最後に
共感的な反応を示す位置を取り上げる。Cのチェキとサイン会の一連の説明
(23–24、26行目)の直後に、Dは共感的な反応を示すこともできたはずで
ある。Cがチェキとサイン会に当たったことは明らかであるが、Dは再度、
どちらも当たったことを確認している(29行目)。当然、Cからどちらも当
たったという応答がくることが想定される。したがって、このDの確認作
業によって、どちらも当てたCの自慢が際立っている。なぜなら、既にス
トーリーでCがチェキとサイン会が当たったのを見たとDが報告している
(8、17行目)にもかかわらず、Cに再度、両方当てたかどうかを確かめてい
るからである。このように、確認というかたちを利用することで、自慢を更
に際立たせ、その価値が自分にもわかることを示している。

　その後、Dは開催時期について質問を行い、自慢を掘り下げている(34行
目)。

　以上のように、自慢の語り手は、自分ではコントロールできないことであ
ると語ることで自慢を前面に出すことを回避する方法によって自慢を語って
いた。一方の聞き手は、既に共有された情報に対して再度、確認し、その
後、価値が自分にもわかるという共感的な反応を示していた。

　次の事例は、コンサートで良い席が取れたと自慢している場面である。A

もBもアイドルファンである。

(4)　ミュージカルのチケット　　A女×B女　（クラスメイト）

(6行目のプレゾンとは、日本のミュージカル作品のことである。13、15行目のアルファベットはコンサート劇場の座席の列のことである。列は前からXA~XE, A, B, C, D, E~Vとなる。22行目の「ひっくりした」は、「びっくりした」のことである)

```
 1 A: てかさ言ったっけ？なんか(0.4)席(0.2)二回目の席
 2 B: °なに？二回目の席っ[°て]
 3 A:                    [ん-]
 4 A: なんか((お菓子を飲み込む))
 5    (.)
 6 A: プレゾンって:(.)前半と後半ん-でチケの:
 7    配達日が違うの[ね]
 8 B:            [あ]違うの.
 9 A: そ[そ]
10B:   [ん]ん
11A: で.hh=
12B: =え一回目来たのがさ:何[列目だっけ.]
13A:               [か(.)C]列だ[ったの]
14B:                           [>あああ<]
15A: そしたら次のもEで
16    (0.2)
17A: なんかX[A  A  B  C]  D  Eで:
18B:       [A  B  C  D]
→19B: え超いいじゃん.=
20A: =unめっちゃよくて[:]
21B:              [う]ん
22A: .hh　もひっくりしたんだけどなんか友達が(.)
23    どっちも当てたんだけど[:]
24B:               [う]ん
25    (0.2)
```

```
26A: n なんかえっ (.) こんな席いいのみたい ne =
→27B: => てかプレゾンってそんなに当たるもんなの .<
28A: 当たらない
((省略：平日は地方の人が多いため、プレゾンが当たりやすいと A が述べている))
29A: 千秋楽が: (.) [も] ほぼ [:] 当たんない =
30B:          [ね]    [んn]
31B: = だろうね .=
32A: = ん
33    (1.4)((お菓子を食べている音))
34A: だからびっくりした ((お菓子が口に入っている))
35B: ん:
```

　この事例で注目したいのは、A の「自慢」(15、17 行目) に対する B の反応 (19 行目) 後の A の対応 (20、22–23、34 行目) である。
　まず A は、二回目の席について、B に既に話したかどうかを確認し (1 行目)、B は「なに?」(2 行目) と知らないことを表明している。そして、A はプレゾンには前半と後半でチケットの配達日が異なることを説明し (4、6–7 行目)、B は配達日について「違うの」(8 行目) と知らなかったという振る舞いをする。その後、B が一回目に来た席について質問し (12 行目)、A は C 列だったと応答している。そして 15 行目で「そしたら次のも E で」と E を強調して自慢を開始する。前述した事例 (3) も語り手が自慢を開始する際に「も」が付加されていた。1 つだけでなく、連続してもう 1 つあるという言い方をすることによって、以下のような効果があるのではないか。

想定外のことが続く＝偶然である

　事例 (3) もこの事例も同様であるが、想定していなかったことが続くこと、それが偶然繰り返し起きたという報告の仕方である。「も」という表現から、想定外のことが偶然、連続して起きたという報告に聞こえる。「も」という表現を利用することによって、必然的に起きたことではないが、結果的に連続して生じた出来事であるという語り方である。このように語ることで、積極的に自慢を語ることを回避できる。自分で掴んだチャンスでは

なく、偶然訪れたチャンスという自慢の仕方であり、「自慢」感が薄れるため、言いやすいのではないか。ニュース性の高い話題を導入する際の方法であるといえる。

　そしてAは「良い・悪い」などの評価語を用いるのではなく、具体的に座席をアルファベット順に数えることで舞台から近い席であること、つまり価値のある席であることを示している（17行目）。同時にBも一緒にアルファベット順に数えることで（18行目）、価値のある席であることを共有しており、Aは「Eで：」とEを繰り返し、更に強調している（17行目）。このAの語りは、「Eで：」と発話を最後まで言い切っていない。つまり、最後まで言わなくても十分Bに伝わるものとして提示している。そしてBは「え超いいじゃん.」（19行目）と「超」と程度を高めて価値のある席を認め、Aに寄り添おうとしている。したがって、Aが説明している席について、Bもその価値を共有できる立場であることを示すと同時にAの経験を「自慢」と捉え、尊重しようとしている。

　ここで、Bの「え超いいじゃん.」（19行目）という共感的な反応に着目する。単に良いこととして捉えるのではなく、「超」という表現を用いて強調し、席の価値を高めている。また、「え超いいじゃん.」という「じゃん」という文末形式を用いてAへの理解を示している。福原（2010）は、「じゃないですか」の先行研究を踏まえ、文末表現の「じゃん」の用法を分析している。対人用法として「相手への理解や同意を示す」や「話し手の評価や考えを押し付ける」を挙げている。Bの「え超いいじゃん.」もAへの理解であり、Aと同じ態度を示しているといえる。

　Bの反応を受けて、Aは間髪を容れずに「めっちゃよくて：」と「超」（19行目）を「めっちゃ」（20行目）に言い換えて「Eで：」に続く心境を表明している（20行目）。ここまでのやりとりで、Aは「自慢」を前面に出さないように、Bの反応をみながら「めっちゃよくて：」（20行目）と述べている。Aは更に、「自慢」の語りを維持しながら、チケットの入手方法について説明する。「ひっくりした」（＝びっくりした）と、自分でも信じられない特別なことであると前置きし、1回目も2回目も友達がどちらも当てた（22–23行目）と説明している。つまり、自分ではなく友達が当てたと語ることで、前面的に自分の経験として提示することを回避している。このように語ることで、Bに不快感を与えずに「自慢」を語ることを達成している。Aは「こん

な席いいのみたい」(26 行目) と友達が当ててくれたことについて、申し訳なく思うような振る舞いをしている。したがって、友達の出来事としての思いを語ることで、価値がある席についての自慢を継続している。

Aの発話に対してBは、プレゾンがそんなに当たるものなのかどうかを確認している (27 行目)。この確認も事例 (3) と同様、AとBの間で既に情報共有が行われている内容についてである。つまり、当たらないという反応がくることが予想される。このようにBが確認作業を行うことで、自慢が際立つような発話デザインとなっており、同時に自慢を掘り下げるような働きがあることが示唆された。

6.　まとめ

自慢の開始の仕方、語り方について特徴がみられた。また、自慢に対して共感的な反応を示す際のプロセスにおいて、語り手にタイミングを合わせていることもわかった。以下の図 4-4 に特徴を示す。

自慢の切り出し　➡	自慢の開始　➡	自慢の継続
[仕方] ・語り手が自らのことを提示 ① -1　これから語ることを既に 　　　話したかどうかの 　　　確認あり ① -2　これから語ることを既に 　　　話したかどうかの 　　　確認なし ・聞き手が語り手に関連すること 　を提示 ②　　これから語ることを既に 　　　話したかどうかの 　　　確認なし	[仕方] ニュース性の高いことして提示 (想定外のことが続く)	[仕方] 聞き手による 確認作業 (既知情報) ＝価値を高める ↓ 共感的な反応

図 4-4　自慢の開始と継続の特徴

まず、自慢の切り出しについて述べる。自慢の切り出しには大きく 2 つの特徴がみられた。語り手が自らのことを提示する場合と聞き手が語り手に関連することを提示する場合である。語り手が自らのことを提示する場合に

は、これから語ることを既に話したかどうかの確認をする場合とそうでない場合が観察された。つまり、語り手は積極的に何度も同じ自慢を語ることに敏感であることが窺える。今回、収集したデータには、① -1 で、聞き手が聞いていないという反応を示すものしかみられなかったが、今後、既に聞いているという反応を示している場合のその後に着目したい。

次に、自慢の開始に着目する。語り手は自分ではコントロールできないことで、そのことについて想定外のことが続くという語り方であった。このようにニュース性の高い出来事として語ることによって、前面的に自分を誇ることを避けている。また、連続して想定外のことが続くことを「も」を付加することで、リストのように長々と提示するのではなく、コンパクトに伝えている。このようになるべく自慢が長引かないように伝えることは、聞き手に与える不快感の軽減にも繋がる。

自慢の継続については、聞き手の協力が欠かせないことがわかった。聞き手は、既に共有されている情報について確認作業を行っていた。確認を行うことで語り手が語っている自慢の内容について、価値を高める効果がある。また、確認作業というプロセスを踏んだうえで共感的な反応を示している点から、以下の 2 点に貢献しているのではないか。

1. 自慢を際立たせる
2. 自分にも十分、その価値がわかる

聞き手は、単に良いこととして自慢を捉えるのではなく、反応を示さずにはいられないぐらい価値が高い出来事であるという反応を示している。語り手が自ら価値が高い出来事であると述べるよりも、このような反応によって、自慢が際立つ可能性が高い。また、聞き手が価値を高めるということは、その価値が自分にもわかるという理解の表明でもある。価値を理解したうえで、語り手と同じスタンスであるという反応の仕方である。

最後に、今後の課題を述べる。今回は、自慢の切り出し・自慢の開始・自慢の継続に焦点を当てた。自慢の切り出しについて、切り出した時点で自慢に繋がらないような発話についても今後、分析を行いたい。

第 5 章

愚痴に対する共感が
対人関係構築に果たす役割
―愚痴の継続に貢献するための共感的な反応―

1.　はじめに

　私たちは、どのようなときに、どのような相手に向かって愚痴を口にする
のだろうか。愚痴は社会的な規範から考えると望ましい行為とはいえず、相
手に与える印象も好印象とはいえない。しかし、それでも私たちは愚痴を
語ってしまう。では、なぜ愚痴を語りたくなってしまうのか。愚痴は聞き手
がいることで達成される語りである（野中 2001, 野中 2007）。そこには聞き
手に期待される反応がある。期待される反応が得られた場合はもちろん、得
られなかった場合もいつかは愚痴を終わらせなければならない。では、愚痴
はどのように終わらせればよいのか。本研究は愚痴をどのように続けるか、
また終わらせるかに着目する。具体的には、愚痴の語り方と共感的な反応の
観点から愚痴の特徴をみていく。

　2 節では、愚痴についての先行研究を取り上げる。3 節においては、対象
となるデータを提示する。4 節では、愚痴に対する共感発話の連鎖パターン
を捉える。5 節では、愚痴を続けるための方法について述べ、第 6 節でまと
めを行う。

2.　先行研究

　ここでは、愚痴の性質、愚痴の語り手と聞き手について、先行研究を概観
する。

　野中（2007）は、愚痴は傷つきやすい発話であると指摘している。自分の
失敗や弱さなどを語ることが多くなるため、相手がよく知らないことを語る
ことで防御措置を取るという。野中（2001）は、聞き手への期待について注
目している。愚痴をこぼす人は、「私の話を聞いてほしい、でも意見はしな

いでほしい」(野中 2001: 69) という特徴的な態度をとる。そのため、聞き手は語り手の判断を共有しながら理解、承認することが求められると述べている。岡田 (2004) は、大学生を対象に質問用紙を用いて対人関係における愚痴の働きについて調査を行っている。その結果、「愚痴をこぼす時、相手に期待することとは何か」(岡田 2004: 54) という質問項目に対して同じ意見や同調などの①「積極的な同意」、ただ聞いてほしいという②「傾聴」、共感してほしいなどの③「共感」の 3 つの受容レベルに分けることが可能であると指摘している。一方聞き手は、愚痴のやりとりにおいて、不快と感じることもあるが、語り手に対して「親密さ」を感じるという (岡田 2004)。愚痴は、ネガティブな感情表明であるが、一方で「親密さ」(岡田 2004) と密接に関わっており、関係構築を円滑にする働きもある。語り手も聞き手も愚痴に対して否定的な感情を抱きながらも「大切」「必要」(伊丹・大蔵 2014: 100) と感じている。伊丹・大蔵 (2014) は、人は愚痴という否定的な感情を排出し、共感が得られることによって自分の考えや行動を肯定的に捉えることができるのではないかと述べている。また、愚痴のやりとりで解決を目的としていない場合においても、愚痴の語り手に新たな気づきが促される可能性を挙げている (伊丹・大蔵 2014)。

　最後に、実際の会話における愚痴の特徴に注目している研究を取り上げる。早野 (2013) は、2011 年の東日本大震災によって避難生活を余儀なくされた人と足湯ボランティアの人との会話に焦点を当てている。避難生活の困難を口にするのは当たり前のことかもしれないが、必ずしも当然のこととして捉えておらず、愚痴をこらえるべきだという志向性が観察されると指摘している。釜田 (2018) は、大学 1 年生の初対面会話と知人会話における愚痴のやりとりを分析した結果、愚痴の語り手は、不快感を聞き手に与えないように共感を引き出そうとしていると述べている。Drew & Walker (2009) は、文句に対する聞き手の反応に着目している。

　これまでの研究を整理し、本研究の位置づけ (図 5-1) を述べる。

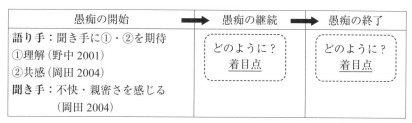

図 5-1　本研究の位置づけ

　図 5-1 の「どのように？」という箇所が本研究で明らかにする点である。図 5-1 からわかる通り、愚痴を語る際に語り手は、聞き手から理解（野中 2001）や共感（岡田 2004）が得られることを期待している。愚痴を聞いている側は、愚痴に対して不快と感じるだけでなく親密さを感じることもある（岡田 2004）。先行研究では、愚痴を語る際の特徴が明らかにされてきた。しかし、愚痴を語り始めてからのプロセス、また愚痴をどのように終わらせるかについては、明らかではない。そこで、本研究は愚痴のやりとりにおいてどのような方法・タイミングで愚痴を終わらせているのかを観察する。そのためには、以下の 2 つの手続きを明らかにする必要がある。

　Ⅰ．どのように愚痴を続けるか
　　　愚痴の会話を滞りなく進めるためには、聞き手の協力も必要である。では、どのように聞き手が協力しているのだろうか。これについては共感的な反応の仕方・タイミングを観察する。

　Ⅱ．どのように愚痴を終わらせるか
　　　愚痴の語りが長くなるほど、聞き手の反応の負担は大きくなり、不快にさせるリスクが高まる。では、誰が愚痴を終わらせるのか。またどのようなきっかけによるものなのか。愚痴を終わらせるための発話の特徴も観察する。

3.　分析対象となるデータ
　本研究は、日本の同じ大学に通う学部 1 年生の二者間の会話を分析対象とする。主に 3 つの調査から収集した会話データを分析対象とする（表 5-1）。

表 5-1　会話データ

	関係	収録時期	ペア
1	初対面	2010 年 5 月〜6 月	20
2	知人	2014 年 6 月〜7 月	20
3	知人	2020 年 8 月	22

　1 と 2 については、調査者から話題の指定はせず、自由に約 15 分間、会話をしてもらった。会話中、調査者はその場から退室した。会話は全て IC レコーダーで録音した。3 の収録時期は 2020 年 8 月で、学生にとっては夏休み期間であった（2020 年度の前期は全てオンライン授業）。調査者から話題の指定はせず、自由に約 15 分間、会話をしてもらった。新型コロナウイルス感染拡大防止のため Zoom による会話を収録（録音・録画）した。調査者は二者間の会話中、その場から退室し、退室したことが会話参加者たちにも視覚的にわかるようにした。

4.　会話の流れ
　本研究では「自分に関係する望ましくない事態について嘆くことで、同調してもらえることを期待している語り」を「愚痴の語り」とする。
　ここでは、愚痴のやりとりの流れについて述べる。会話データ 1・2 を分析対象とする。
　まず、想定される「愚痴」の発話連鎖を以下の図 5-2 に示す。

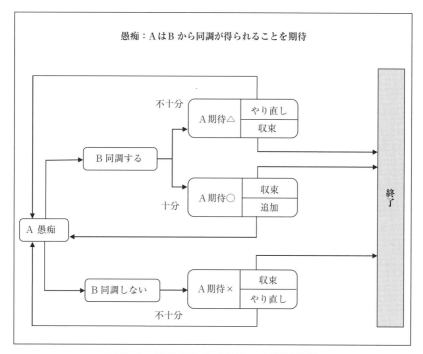

図 5-2　想定される「愚痴」の発話連鎖

　「愚痴」は聞き手に同調してもらえることを期待している。まず、A が
「愚痴」を語った後に、B が A に同調する場合と同調しない場合が想定され
る。同調する場合は、A が期待する反応を B が示し、「愚痴」が収束する場
合と、A が更に「愚痴」を語る場合が考えられる。ここでの「追加」とは
関連した「愚痴」を語る場合である。「愚痴」に対して B が同調を示しても
A が期待する反応としては十分でない場合は、期待する反応が得られるよ
うに A が「愚痴」をやり直す場合と、「愚痴」が収束する場合とが考えられ
る。「愚痴」に対して B が同調しない場合、A は同調が得られるまで語る場
合と、「愚痴」が収束していく 2 つの流れが考えられる。

　次に分析結果を以下の図 5-3 に示す。調査の結果、データ 1・2 におい
て、「愚痴」のやりとりが 27 例、観察された。本研究では次の太字のパター
ン 1、2、3 がみられた。

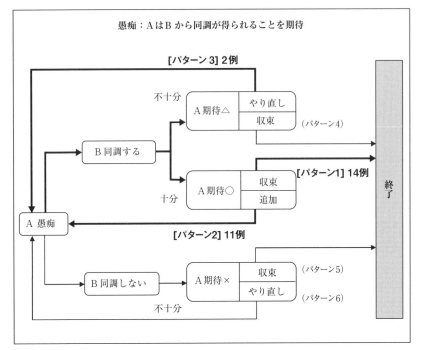

図 5-3 「愚痴」の発話連鎖

　パターン1は、Aの「愚痴」に対してBが同調し、Aの「愚痴」が収束していく場合である。パターン2は、Aの「愚痴」に対してBが同調し、Aが更に「愚痴」を語る場合である。パターン3は、Aの「愚痴」に対してBが同調するが、AがBの反応に抵抗を示して「愚痴」をやり直している場合である。具体的に、どのような連鎖がみられたかを以下の表5-2にまとめる。

表 5-2　「愚痴」に対する共感発話の連鎖パターン

パターン	A の「愚痴」	B の反応	A の反応
1	浪人していたため、体力がついていかない	「¥つらいね.hh それは .hh」	「¥ も.hh は:: みないな ¥」 終了
1	法学部で「六法全書」を買うように言われたが、法律は変わるから早く買い過ぎてもと言われ、いつ買っていいのか分からない	「それもそれで面倒くさいな.」	「わぁうちこれや」((A は B が持っている教科書をみて驚いている)) 終了
1	塾でチューターのアルバイトをしていて、生徒が自分よりも上の大学を目指すと言い、まじかよと思った	「自分より上だと怖いよね.」「こいつ案外とか思われたくないよね?」	「う：ん (.) 怖い」「そそ¥そそそ¥.hh」 終了
1	出てきたお菓子に手を出し過ぎて喉が渇いてきた	「そそ結構美味しくない?」	「美味しいこっちのほうが間違いなくおいしい」 終了
1	カラオケで上手い人の後に歌うのは辛い	「そう辛い」	もうやめて:みたいな 終了
1	アルバイト先でもうすぐ昇給してあげると言われたがいつになるのか	「昇給に期待だよね.」「もう期待するしかない」	「1000 円辛い　hh」 終了
1	コンサートの当選結果が出ていないため、予定を立てられず困っている	「<困ったね. >」	「°ん:°」 終了
1	自分の高校は進学校ではないのに進学校を気取っていた	「な - 中の人たちからしたらなんだこい[つ感] がやばいよね. ¥hh hh¥」	「[そう]」「なんだ¥こ [いつ] ら hh みたいになって¥」 終了
2-1	アルバイト先が間違えたシフトを入れたことがわかり安心した	「 それ は 焦る でしょ.: 」	

1 （2-1 続き）	塾のアルバイトで高校2年生の数学を担当することになりそうで焦った	「こう2とか: てかなんなら(.)[つい最近まで高校生だったんですけど: み¥たいな.¥]」	「こっちが教えてほしい [わ] 高2の数学とか.hh」 終了
2-2	ゴールデンウィークに「2万6千ぐらいかかってさ:往復」	「Uあ::>きつ<」	「帰ったけどね新幹線と(0.7)電車やばかった:ほんと」 追加
1 （2-2 続き）	ゴールデンウィークに帰省し、新幹線と電車で2万6千円で、本当にやばかった	「2万かhh:すごいね.」	「ていうか名前は？」 終了
2-3	通いはめんどくさい	「それはめんどくせ:わ」	
1 （2-3 続き）	通学に片道1時間かかる。通学で朝が早いと電車に人がたくさんいて大変	「あ: あの時間うざいね.」	「うん」 「ラッシュはすごい」 終了
2-4	自分の周りの友人はお酒が弱いため飲み放題に行っても3杯以上飲むことができない((Aは浪人していたため、調査時に21歳))	「まじで. はえ: な¥三ば [いな¥<.hh].hh>」	
2-5 （2-4 続き）	友人はお酒が弱いため、3杯以上飲むことができない。飲み終わるのが早い	「あれってかんじ.」	
2-6 （2-5 続き）	自分はお酒が強い人みたいな印象を与えているが、自分が強いのではなく、周りがとても弱い	「[¥そ]れはあるか[もね¥.hh]」	
2-7 （2-6 続き）	自分はお酒に強くない、周りの友人がお酒に弱いだけだが、それは言えない	ま言えないな	

2-8 (2-7 続き)	飲み放題だから自分も周りと同じペースで飲むのをやめたらもったいない	だよね. 元取れ - 元取りたいしさ:	
1	飲み放題で周りが自分より飲まなくてもとりあえず酔いたい ((A は浪人していたため、調査時に21 歳))	「>酔いたい酔いたい酔いたい酔いたい<」	「なに nan ジュースでいいじゃんね. 酔えないなら」 終了
2-9	クラスで取り組む大学行事の準備が全然進んでいない	「(俺ら／まだ) 布買ってないから大丈夫」	
1 (2-9 続き)	クラスで取り組む大学行事の準備が進んでおらず、使う材料を多分ほぼ買う	「う：ん大変だね？そっちも」	「う：ん」 終了
2-10	高校生のときにアイドルのファンでお金を使い、今だったら絶対に違うものを買う	「そ：そ：そ：そ」	
2-11 (2-10 続き)	高校のときにアイドルのファンでお金を使い、今、あのお金があったら	「服とか買うよ [(って感じだよね)」	
1 (2-11 続き)	高校のときにアイドルのファンでお金を使い、今、あのお金があればと思う	「[なん]であの人のファンクラブに入ってたんだろうとかめっちゃ思う [もん]」	「[思う] よね.：」 終了
3	大学のクラスで、議長よりも平の人が張り切っている	「じゃあ最初からやれよみたいな.」	「hu ちょ」「ま女子だけどね」 やり直し
3	塾のアルバイトでは困った生徒もいる	|おっ　とこいつら勉強しに来たのか(.)っていう」	|でも集団塾に行ってもおごって感じの子はいるから：¥hh¥」 やり直し

まずは、パターン1から述べる。パターン1は、Aの「愚痴」に対してB
が同調した後に「愚痴」が収束していく。

<パターン1>
(1)　Aのアルバイト　　A男×B女　（初対面）
(塾でチューターをしているAがBに塾で教えている生徒に自分が所属してい
る大学よりも上のランクの大学を目指すと言われたと「愚痴」を述べてい
る場面である)

```
 1 A: 実際 [よく分から]
 2 B:    [ないのに] やっちゃったっ [て.]    [.hh]
 3 A:                 [う]ん    [.hh]
 4 A: よく分か [らんやて]
 5 B:      [ね：]：
 6 A: だけど結構来るんよね (.) しかも結 [構]
 7 B:                [あそ] うなんだ
 8 A: 上のほう目指すひ－[京都大学] 京都大学とか言われてさ：
 9 B:           [え答えれる？]
10A: まじかよとか思っ [て]
11B:          [う]：ん
12    (0.6)
→13B: 自分より上だと怖いよね.
14A: う：ん (.) 怖い
15    (0.3)
→16B: こいつ案外とか思われたくないよね？
17A: そそ¥そ [そそ¥   .hh]
18B:      [hh hh .hh]
19B: あたし公文式で一回丸付けのバイトしてたんだけど：
20A: うん
```

このやりとりで注目したいのは、Aの「愚痴」に対してBがAの心境を
推測して、Aの心境に同調していることである。

　A は 6、8、10 行目で「上のほう目指すひ - 京都大学京都大学とか言われてさ：」と塾でチューターというアルバイトをしており、生徒から自分の大学よりもランクが高い大学を目指すと言われたことに「まじかよとか思って」と望ましくない事態であると嘆いている。この A の「愚痴」に対して B は「自分より上だと怖いよね.」(13 行目)、「こいつ案外とか思われたくないよね？」(16 行目) と A が置かれている状況の中で A の心境を推測して、A の心境に同調している。

　この B の共感的な反応は、A の心境を認める方法である。B は A の気持ちを「怖い」と解釈したことを伝えている。つまり、Subjunctive assessments(仮定法的評価)(Heritage 2011) を行うことで共感を示している。B は、A の「まじかよとか思って」という発話から B の心境を「怖い」(13 行目) や「こいつ案外とか思われたくないよね？」(16 行目) と具体化している点が特徴的である。B は「怖いでしょう」と A の心境を推測したことを示すことに留まらず、自分もそう思うという共感の仕方をとっている。したがって、B は A の気持ちの部分まで踏み込んで仮の評価として同調している。B は十分な反応を示しているため、A も B の反応を肯定し、「愚痴」が収束していく。事例 (1) の会話の流れを簡単に以下に示す。

＜事例 (1) の会話の流れ＞

A：上のほうを目指す、京都大学とか言われた　→愚痴
B：え答えれる？
A：まじかよとか思って
B：自分より上だと怖いよね　→ A の心境に同調
A：怖い
B：こいつ案外とか思われたくないよね？　→ A の心境に同調
A：そそそ

　次にパターン 2 の事例をみていく。パターン 2 は、A の「愚痴」に対して B が同調した後に、A が「愚痴」を追加している。

＜パターン2＞

(2)　高校時代に使ったお金について　　A女×B女　（知人）

（Aは高校のときにアイドルのファンでお金を使い、今そのお金があれば違うものを買うだろうと「愚痴」を述べている場面である）

```
 1 A：引っ越すときにさ：＝
 2 B：＝うん
 3 A：こっち来るときに［：]
 4 B：　　　　　　　　［う］ん
 5　　　 (0.9)
 6 A：荷物まとめるじゃ［ん．]
 7 B：　　　　　　　　　［う］ん
 8 A：でなんか(0.2)いろいろ見てたら：
 9 B：うん
10A：○○これにいくら払ったんだろ［うと思って：．hh moなんか]
　　　 ((○○はAの名前))
11B：　　　　　　　　　　　　　　　　　　［¥hh：ha ha ha¥]
12A：あのときはあのときで：それでよかった［から]全然
13B：　　　　　　　　　　　　　　　　　　　　　［うん]
14A：こうか［いしtzてない]けど：
15B：　　　　［いか考えるとね．]
16A：今だっ－(0.3).hh総額何万使った［の］か［な：と思っ]て：
17B：　　　　　　　　　　　　　　　　　　　　［ん：]　［思うそれは]
18A：.hhや今だったら絶対違うもの買うの［に：って]
→19B：　　　　　　　　　　　　　　　　　　［そ：そ：そ：]そ＝
20A：＝あのお金があったら今＜.hh＞
→21B：服とか買うよ［(って感じだよね)]
22A：　　　　　　　　［そう(.)今]あのお金があれば(.)とかお［もう]
→23B：　　　　　　　　　　　　　　　　　　　　　　　　　　　　［なん]で
→24　　あの人のファンクラブに入ってたんだろうとか
25　　めっちゃ思う［もん]
26A：　　　　　　　　　　［思う]よね．[：]
```

27B：　　　　　　　　　　　　　　　[ん］ん

　この事例で注目したいのは、Aの「愚痴」に対するBの反応が、パターン1のようにAの心境を具体的には述べていない点である。仮の評価をすることに留まっている。
　Aは10、12、14行目で高校のときにファンクラブで使ったお金について、当時はそれで良かったため、後悔していないと述べながらも、「今だっ-(0.3).hh 総額何万使ったのかな: と思って:」(16行目)と当時、使った金額を思い起こして「や今だったら絶対違うもの買うのに: って」(18行目)と現在の状況に置き換えて、当時使ったお金の使い道について違う使い道をしていると語っている。このAの語りは、過去と現在の自分の行動を比較して、当時はそれで良かった(12、14行目)と語りながらも今だったら絶対に違うものを買うという「後悔」が含まれているようにみえる。したがって、望ましくない経験、「愚痴」を語っている。このAの「愚痴」に対してBは、「そ: そ: そ: そ」と同調している(19行目)。このように、Bは「そう」と認めることでAの語りを促し、Aが更に「愚痴」を語りやすい環境を作り出している。他の事例においても、BはAが語った心境を繰り返したり、言い換えたりすることで同調し、Aが「愚痴」を追加する傾向がみられた。このBの反応を受けてAは、今、当時のお金があったらと語り、「愚痴」を追加している(20行目)。パターン1とパターン2はAの「愚痴」に対してBが期待する反応を示しているが、その後の展開に違いがある。パターン1の場合はBの反応を受けて、「愚痴」が収束していくが、パターン2は更に「愚痴」が語られる。事例(2)の会話の流れを簡単に以下に示す。

＜事例（2）の会話の流れ＞

A：これにいくら払ったんだろうと思って	
B：ha ha ha	
A：あの時は、あの時でそれで良かったから	→愚痴
B：うん	
A：後悔していないけど	
A：総額何万使ったのかな：と思って	
A：今だったら絶対違うものを買うのにって	
B：そそそそ	→同調
A：あのお金があったら今	→愚痴の継続
B：服とか買うよって感じだよね	→同調
A：今あのお金があればとか思う	→愚痴の継続
B：なんであの人のファンクラブに入ってたん 　　だろうとかめっちゃ思うもん	→同調

　最後にパターン3を説明する。パターン3では、Aの「愚痴」に対してB
が同調した後に、AがBの反応に抵抗を示し、「愚痴」をやり直している。

＜パターン3＞
(3)　塾講師のアルバイト　　A男×B男　（同じ部活に所属）
（この会話はAが塾講師のアルバイトをしていて、困った生徒もいるという
「愚痴」を述べている場面である）

```
 1  A：でも慣れた(.)わりと
 2  B：慣れた？
 3  A：うんでもね：(0.2)問題がね：(0.3)生徒によるんだよ
 4  B：u生徒なんか調子 [のってんの.いま]
 5  A：              [生徒によるんだよ] 生徒がね：も：なんかね：
 6    (0.3)
```

7 A: 授業とか関係なしに話しまくってるやつも [とかい] るんだ:

8 B: [あ:]

((省略：A は個別指導を担当していると説明している))

9 A: 生徒自体がさ:あんまり集団の塾に行かなかったような子とかだからさ:

10B: あ::

11　(0.6)

12A: [ね.]

13B: [慣] れてない.

14A: なんかね.

15　(0.6)

16A: うぉ:って感じ [の子が来たりするから:] hh hh

17B: [うぉ:ってなる ¥hu hu hh¥]

→18B: おっとこいつら勉強しに来たのか (.) っていう =

19A: =おおって感じ [のね.]

20B: [¥hh hh] hh hh¥

21B: ¥つわものが hh¥

22A: でも集団塾に行ってもおごって感じの子はい [るから:¥hh¥]

23B: [¥hh hh hh hh¥]

24B: それはまじ:みんなから白い目 [で] みら [°れる°]

25A: [そ] [ぶっ] ちゃけさ:

26A: 俺おおって感じのやつだったもん

27B: ¥あ hh hh¥

28A: 中学んとき

29B: uu

30A: 宿題一回も出してね (.) ¥hh:¥

　この事例で注目したいのは、A と B の間で認識のズレが生じ、A が「愚痴」をやり直している点である。A はアルバイト先の塾で、困った生徒がいるという「愚痴」を述べている（3、5、7、9、12、14、16 行目）。この A の「愚痴」に対して B も同調を示しているが（18 行目）、A は B の反応に抵抗している（22、25–26、28、30 行目）。

　まず、A は 1 行目で塾講師のアルバイトに慣れたと述べ、B が A に再

度、慣れたかどうかを確かめるとＡは「うん」と一度肯定をして「でもね:
(0.2)問題がね:(0.3)生徒によるんだよ」(3行目)とトラブルを含意する応答
を行っている。このように、最初は問題がないとＡは述べながらも、実は
問題があるというように応答を引き伸ばしている。この段階では何を語ろう
としているか判断することは困難である。なぜなら、「問題が生徒によるん
だよ」の発話の後に、生徒の扱いについて困っており、解決策の提示を求
めたり、生徒の問題に対してＡの正当性を訴えたりする発話がくることも
想定できるからである。その後、困った生徒もいるとＡは「愚痴」を語っ
ている。Ａの「愚痴」の中核は、生徒が授業中に話すことである。Ａにとっ
ては望ましくない事態であり(5、7行目)、そのような授業中に話す生徒の
特性を、集団に慣れていない子と説明している(9、12、14、16行目)。Ａの
「愚痴」に対してＢは非難に繋がるかたちで「こいつら勉強しに来たのか」
(18行目)とＡの生徒を評価している。つまり、Ａの「愚痴」に対してＢは
過剰に同調している。このＢの反応に対してＡは「おおって感じのね.」(19
行目)と生徒の印象を述べることに留まっている。この「おおって」という
発話は、想定外のこと、または驚きを表していると考えられる。つまりＡ
は、Ｂが直前で述べた生徒への非難に繋がる評価については、肯定も否定
もしていない。ここに、ＡとＢの間で微妙な認識のズレが生じていること
が窺える。Ａは「でも」とＢの反応に抵抗を示している(22行目)。「ぶっ
ちゃけさ:」、「俺おおって感じのやつだったもん」、「宿題一回も出してね」
と自分自身のことを例に挙げることで、卑下している(25-26、28、30行
目)。つまり、Ａは特定の生徒を責めているわけではなく、Ａが授業を行う
際に望ましくない事態が起こることをＢに知ってほしい、そこに同調して
ほしいと「愚痴」をやり直している(25-26、28、30行目)。

　以上のようなＡとＢの認識のズレは、「愚痴」の語りの曖昧さを示してい
る。「不満」は正当性を認めてほしいなどＡがＢに期待する反応の範囲が定
まっているが「愚痴」の場合、ＡはＢに望ましくない状況や立場であるこ
とに同調してほしいと期待しているため、同調の場合は、「不満」と比べる
と反応の範囲が広くなる。反応の範囲が広くなることで、このようなＡと
Ｂの認識のズレに関する問題が生じてくることが考えられる。

　事例(3)の会話の流れを簡単に以下に示す。

＜事例（3）の会話の流れ＞

A：塾の講師のアルバイトは慣れた

B：慣れた？

A：問題が生徒による

A：授業とか関係なしに話しまくる生徒がいる　　　　　→愚痴

A：生徒自体があんまり集団の塾に行かなかったような子とかだから

B：慣れてない

A：うぉって感じの子が来る

B：こいつら勉強しに来たのかっていう　　　　　→過剰に同調

A：おおって感じのね

B：つわものが

A：でも集団の塾に行ってもおごって感じの子はいる

B：みんなから白い目でみられる　　　　　→愚痴のやり直し

A：ぶっちゃけさ：
　　俺おおって感じのやつだったもん

　本研究のデータにおける「愚痴」の発話連鎖のパターンの特徴を以下の表5-3から表5-5に示す。

表 5-3　愚痴の発話連鎖パターン1

1A：コンサートの当選結果が出ないから予定が立てられない	1A：愚痴の語り	14/27例
2B：困ったね	2B：同調する　　共感的な反応	
3A：ん	3A：愚痴の語りが収束へ向かう	

表5-4　愚痴の発話連鎖パターン2

1A：通いはめんどくさい	1A：愚痴の語り	11/27 例
2B：それはめんどくせ：わ	2B：同調する　　［共感的な反応］	
3A：片道1時間だから行って帰るだけで1コマいける	3A：愚痴を更に語る	

表5-5　愚痴の発話連鎖パターン3

1A：アルバイト先で困った生徒もいる	1A：愚痴の語り	2/27 例
2B：こいつら勉強しに来たのか	2B：同調する　　［共感的な反応］	
3A：自分もその1人だった	3A：愚痴をやり直す（抵抗）	

　パターン1とパターン2は「愚痴」に対して聞き手が十分な同調を示している場合である。パターン3は「愚痴」に対する聞き手の反応が、語り手が期待している反応とは異なっており、語り手にとっては十分な同調ではない場合である。パターン1とパターン2は語り手が期待する反応を聞き手が示している点で共通しているが、その後の展開に違いがみられる。パターン1の場合は、聞き手の反応を受けて「愚痴」が収束に向かっているが、パターン2の場合は、語り手は更に「愚痴」を続けている。パターン1では「愚痴」に対して聞き手が語り手の心境を推測して具体的に述べることで共感的な反応を行っている。それに対し、パターン2では「愚痴」に対して聞き手が「そう」などと肯定したり、語り手が述べた発話を繰り返したり、言い換えたりすることで、語り手が更に「愚痴」を述べやすい環境を作り出している。

5.　愚痴を継続させるための方法

　ここでは、データ3を分析対象とする。データを分析した結果、「愚痴」のやりとりが11例、観察された。

　「愚痴」の内容について、以下の特徴がみられた。

① 望ましくない最近の出来事を嘆いている　　　　（8/11 例）
② 望ましくない出来事が起こることを嘆いている　（3/11 例）

　①は、アルバイトのことや大学の授業での経験を愚痴として語っている。互いの状況・経験の共有は、相手への理解を深めたり、共通点を見出したりすることに繋がる。②は、新型コロナウイルスによる今後の大学生活などを愚痴として語っている。これから直面する状況・経験の共有である。同じ側面に立つ者同士として考えを共有することで、仲間意識を高め合うことができる。①と②は、関係構築において欠かすことのできない語りであるが、今回は①に着目する。その理由は、対面でコミュニケーションを図ることが困難な中で、会話相手はどのように過ごしているのか、どのような経験をしているのかなど、会話相手を知ろうとするプロセスに着目したいと考えたからである。

　①のデータ（8例）を分析した結果、愚痴の継続と終了について以下の特徴がみられた（図5-4）。

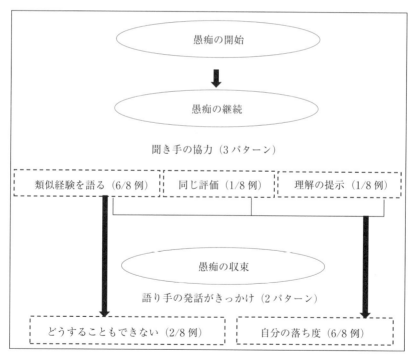

図 5-4　本研究のデータにおける愚痴の継続と終了の全体像

　まず、愚痴の継続についての結果を述べる。図 5-4 からわかる通り、語り手の愚痴を聞いて、聞き手は自分の似た経験を語ることで寄り添う場合が 6 例みられた。その他、「それはやだ」などと語り手と同じ評価を示す場合（1 例）や「わかる」と語り手の気持ちに理解を示す場合（1 例）が観察された。

　次に愚痴の終了についての結果を論じる。語り手が自分の落ち度を示す場合が 6 例みられた。大学の授業について「どうにかしてほしい」などと願望を示すような、自分ではどうすることもできないという提示の仕方が 2 例、観察された。このような語り手の発話がきっかけで愚痴が収束に向かっている。

　本章では、語り手の愚痴を受けて「類似経験を語る」→「自分に落ち度があった」という流れで愚痴が収束していく事例に焦点を当てる。その理由は、同じ評価や理解を示すことから一歩踏み込んで聞き手が自身の類似経験を示すことによって、語り手がどのような受け止め方をしているか観察したいと考えたからである。

　事例(4)は、クラスメイトとの会話である。同じアイドルのファンクラブに所属している。この前のやりとりで A はファンクラブの更新をするか迷っていると述べている。

(4)　自分が支持してきたアイドル　　A 女 × B 女（クラスメイト）
1 A: も - 今回も CD 買ってないし:
2　　(0.3)
3 B: 買ってないの．¥ わた [し買っ↑ちゃったんだよね ¥,
4 A:　　　　　　　　　[買ってない
5 B: なんかワン < チャン :> コロナ落ち着いて
6　　握手会来るか ¥ なって思って ¥[:>hh .hh .hh .hh¥<
7 A:　　　　　　　　　　　　　　　[¥hh¥
8 B: ¥ 買っ↑ちゃった ¥
9　　(0.5)
10A: < もう > みんな (1.6) なんか (1.0) さ :, 幼馴染とかさ :,
11　(.)
12B: > うんうん <
13A: > あたし < 幼稚園のときからずっと k-pop 好きなんだけど,

```
14   (0.2)
15B: え？すごい
16   (.)
17A: そんときから:(0.2)仲いい子とかがさ:最近になって k-pop
18   はまり出してさ:ずっと [+ さ:> なん(か)<+
                        + 自分に ptg---+
19B:              [> あるある < > あるある < ¥hu hu hu¥
20A: +そ+↑れでさ: 握手会とかさ: 当たり-当てやがって [+ さ:+ はぁ n?
     + 自分に ptg + 画面に向かって ptg---------- +,, +
21B:                                    [¥hu hu hu hu .hh¥
22A: [まじで 腹立つ
23B: [¥ hu hu .hh¥
24B: えでもわかるなんか:あたしがめっちゃいいよって言ってるときに 全然
25   なんでそんなのはまんのみたいな言ってた人が 今めっちゃ はまって:,
26   お昼 鑑賞会みたいな なんかすごい ¥ストリーに¥あげ ゜てる [hh ゜¥:
27A:                                              [もう
28A: やだ:
29   (0.2)
30B: ↑え: みたいな(0.2)あんなに推してて なんか バカにしてたのに
31   ¥hh hh [hh .hh¥
32A:        [そう
33A: < ↑ほんとにそう hh ゜もう゜>
34   (2.3)
→35A: .hh だから もう(0.2)他の(.)知らない趣味を持ってる人達の(0.2)
→36   ことをバカにするのはやめようと思った
37B: うん うん うん うん そうなんか軽々しく言えなく¥なった hh hh¥
38A: そう そう そう そう
```

　幼稚園の頃から A は K-pop が好きで（13 行目）、身近な人が最近 K-pop に
はまり出した（17–18 行目）と自分との対比を行う。ここで A の身体動作に
も着目すると「さ:> なん(か)<」（18 行目）と述べている際に A は自分に向け
て指さしを行っている。つまり、A は身近な人の最近の出来事を取り上げ

ながらも長年 K-pop が好きである自分のこれまでの立場を B に訴えている。このAの発話に対してBは、よくある出来事であるという理解を示している（19行目）。このBの反応を受けて、Aは身近な人が握手会を当てたことについて「当てやがってさ：」と憎しみを込めた表現によって「はぁn?」と心情を表明することで愚痴を語っている（20行目）。同時にAは画面に向かって指さしを行っている。つまり、ファン歴が短い人に対してなぜ握手会を当てるのかと画面に向かって問いただしている。「**ファン歴が長い・ファン歴が短い**」という観点からファン歴が短い人を愚痴の対象としている。Aは、ファン歴が短い身近な人の経験（握手会を当てた）に焦点を当て、愚痴を語ることで嫉妬している。この愚痴の語りに対してBは、Aの愚痴を笑えることとして捉えている（21行目）。そしてAは「まじで 腹立つ」（22行目）と「まじ」と程度を高めて、「腹立つ」と収まりそうにない感情を表明している。直前の愚痴（20行目）がヒートアップしていることが観察可能である。Aの「まじで 腹立つ」（22行目）という発話に対して寄り添うような反応が期待されるところでBが、「え」と発話を開始する（24行目）。Aの愚痴に対してBも自分が好きなアイドルを薦めていたときにはその良さがわからなかった身近な人が、今は鑑賞会をするほど夢中になっている状態であると、似た経験を語っている（24–26行目）。Bは似た経験を語ることで、強い理解（Sacks 1992）・共感的な反応を示している。また、Bの発話表現に着目するとBは「え でも わかる」と述べてから類似経験を提示している。安井（2012）は「でも わかる」の後に類似経験が続く場合、その反応は強い共感であると指摘している。Bは1回目のAの愚痴（20行目）に対して笑っていた（21行目）が、Aの2回目の愚痴（22行目）は、ヒートアップしており、それに合わせるかたちで具体的に自らの経験を語ることで共感を示している。

　その後、Bが、身近な人がアイドルに夢中になる前は、自分たち（AとB）をバカにしていたと愚痴を語っている（30行目）。Aと同様のファン歴の期間という観点から、ファン歴が長い自分は、バカにされたという訴えである。このBの語りに対してAは「そう」（32行目）、「<↑ほんとにそう hh °もう°>」（33行目）と反応している。このAの反応は、Bが「理解の<立証>に成功したものとして扱っている」（平本 2011: 162）といえる。しかし、その直後に 2.3 秒の長い沈黙が生じ（34行目）、Aは知らない趣味を持つ人

をバカにするのはやめると「**自分が知っている趣味を持っている人・自分が
知らない趣味を持っている人**」という観点から自分の振る舞いについて語っ
ている（35–36 行目）。A は、B が提示した「バカにしてたのに」（30 行目）
と自分たちがバカにされる存在であったことと関連付けながら立場を変えて
愚痴を終わらせようとしている。具体的には、これまでバカにされてきた側
（被害者）から、バカにする側（加害者）になったことである。したがって、
被害者ではあるが加害者にもなりうるという側面から気を付けるべきこと・
反省として語っている。伊丹・大蔵（2014）は愚痴のやりとりにおいて解決
を目的としていない場合も、愚痴の語り手に新たな気づきが促される可能
性を挙げている。新たな気づきを反省として述べている A の発話（35–36 行
目）の位置に着目すると、愚痴の途中ではなく、愚痴が十分に語られた後で
ある。したがって、反省を述べることが愚痴を収束させる 1 つの方法である
といえる。この A の反省に対して、B も自分の経験を踏まえて A の反省点
が理解できると同調し（37 行目）、愚痴が収束していく。

　次に、事例（5）をみていく。事例 5 は、同じ大学に所属する友人の会話で
ある。C と D は最近、塾の講師としてアルバイトを始めた。

（5）　塾講師のアルバイト　　C 女 × D 女　（友人）
```
 1 C：すごい めっちゃ稼げ＜てるけど：,＞
 2 D：うん
 3 C：稼げてんだけど：,(0.7)中学生の：反抗期？
 4    (0.2)
 5 D：¥hh↑h[h¥
 6 C：       [が：すごくて：(.)もうなんか：え？わかんないみたいに聞いて
      も：無視,
 7 C：[されて
 8 D：[え？ ね．+↑そうだよね．
           +鼻の上に手を置く ---> 13 行目
 9    (.)
10C：[+↑え+
     +鼻の上に手を置く+　((直前の B と同じ動作))
11D：[まじでそう
```

```
12C: @↑まじ@そうだよね.@
     @.....@画面に向かってptg@
13D: そう
14D: え [だってもう何聞いてもさ:
15C:    [もう
16D: 無言 [なの,
17C:      [うん
18   (.)
19C: そう
20D: [反応が返ってこない >¥hh hh¥<
21C: [>そう そう そう<
22C: そ ↑まじで [: なんか,(0.7)え? >えなんか<
23D:          [>.hh<
24C: し-↑応答ぐらいはできんじゃん.
((省略))((その後もアルバイトにおける愚痴がしばらく続く))
→25C: なんか自分の脳みそで:(0.5)設定しちゃってるから: たぶ [ん
 26D:                                        [うん
→27C: あっちは:(.)なんだろう ついていけてない
 28   (0.5)
 29D: う:ん
→30C: え? なんかさ- わかる?そうじゃん.
 31D: [((4回頷く))
→32C: [自分の脳みそとさ: 他人のレベルって違うじゃん.
 33D: 違う
 34   (0.3)
→35C: う:[ん だから自分のレベルで進んじゃってるからさ:
 36D:   [なんか
 37   (0.7)
→38C: 絶対嫌われたわ
 39   (.)
 40C: ¥hh [hh¥
 41D:    [多分ね 理解していないと思うんだよね 私教え [てても
```

```
42C:                                        [う：ん
43D: あ 理 [解してないだろうなって
44C:        [うん
45D: 私は
46C: そ [う
47D:    [これで覚えたけど 多分この覚え方じゃ
48    覚えられないんだろう [なこの子たちっていう
49C:                     [¥> うんうんうんうん <¥
50    (.)
51D: [思うけど
52C: [ほんとに(　　　)
53    (1.6)
→54C: まあ しょうがないよね.
55D: まあ 仕方ない そう
56C: うん
```

　C はこの前のやりとりで今週は土日以外、全てアルバイトであると述べている。稼げてはいるが、中学生の反抗期が「すごくて:」(6 行目) と生徒の反抗期を問題として取り上げている (1、3、6 行目)。C の「すごくて:」(6 行目) という表現は、反抗期の態度・程度 (ひどいなど) や頻度 (頻繁に生じるなど) などを問題にしていることが考えられるが、C はどのような状態かは明確にしていない。そして C は生徒に「わかんない」と聞いても無視される (6-7 行目) と愚痴を語っている。つまり、C が無視される原因は、中学生の反抗期にあるという主張である。同時に C は塾講師として生徒への理解度の確認を怠っていないと訴えている。C は「講師・生徒」という観点から、生徒の態度が望ましくないと失望している。

　C の「されて」(7 行目) に重なるかたちで D が音を強めて同意を示している (8 行目)。「↑そうだよね.」(8 行目) のところで D は、手を鼻の上に置いている。D の反応に対して C も音を強めて D の発話を繰り返し、鼻の上に手を置いて同じ動作をする (10 行目)。C の発話と同じタイミングで D は直前の「そう」(8 行目) の程度を「まじ」と高めて C の愚痴に対して強い同意を示している (11 行目)。この直後に C は「そうだよね.」(12 行目) の部分で

画面に向かって指さしをする。このような指さしについて、杉浦 (2011) は
自分の同意が相手の評価に基づいていることを身体的に指標しており、強い
同意といえると指摘している。つまり C の指さしは、愚痴に対する D の反
応が適切であるという強い同意である。

　C に同意できる理由を述べることが期待されるところで、D が「え」と発
話を開始し (14 行目)、C と似た経験を語ることで、強い理解 (Sacks 1992)・
共感的な反応を示している (14、16、20 行目)。D は、「無言」(16 行目) や
「反応が返ってこない」(20 行目) と生徒の態度を描写している。本来あるべ
き塾の講師と生徒とのスムーズなやりとりが生じないことを愚痴として語っ
ている。C と同様の「講師・生徒」の観点から、生徒に失望している。しか
し、生徒に失望した理由の提示方法が C と異なる。C は自分が受ける不当
な扱い (無視される) を中心に愚痴を語っていた。しかし、D は失望した理
由を事実 (反応がない、無言) に沿って語っている。D は客観的な事実とし
て語ることで、C は間違っておらず、同じ傾向がみられるという共感的な反
応を示している。そして C は愚痴を更に継続する (24 行目)。

　しばらくして、C は授業設計について、本来すべき設計とは違った方法で
行っていると自分に焦点を当てる (25 行目)。自己流の授業設計から、生徒
はついていけないという因果関係を提示し (27 行目)、自分の脳みそと他人
のレベルは異なる (32 行目) が自分のレベルで進めており (35 行目)、「絶対
嫌われたわ」(38 行目) と生徒から信頼されない理由は自分に原因があると主
張している。C は、生徒の態度を愚痴として語っていたが、ここでは「**自分
のレベル・他人のレベル**」という観点から語っている。本来、塾講師には計
画的な授業設計や生徒の能力に合わせて授業を進めることが求められる。し
かし、C は「てしまう」という表現 (25、35 行目) を用いて、授業設計や進
め方が不十分であることを認めている。したがって、C は不十分であること
を自覚しているにもかかわらず、改善策などを考えるということはしていな
い。そのことが、生徒に嫌われた (38 行目) という発話や笑い (40 行目) な
どから窺える。

　以上のように生徒に信頼されない理由について、生徒の反抗期だけでな
く、塾講師としてすべきことをしていない自分の欠点を認めることで、C は
愚痴を終わらせる方向へと持っていく。D も、自分の覚え方を基準に教え
ていると自分に焦点を向ける (45、47–48、51 行目)。その後、長い沈黙が

生じ（53 行目）、しょうがないこと（54 行目）、仕方のないこととして（55 行目）生徒についての愚痴が収束していく。

6.　まとめ

　聞き手の共感的な反応が愚痴の進行に密接に関わっていることがわかった。まず、愚痴の継続について整理する。次に愚痴の終了を述べる。最後に今後の課題を論じる。

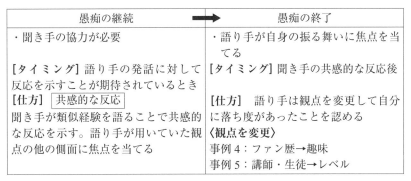

愚痴の継続 ➡	愚痴の終了
・聞き手の協力が必要 [タイミング] 語り手の発話に対して反応を示すことが期待されているとき [仕方]　共感的な反応 聞き手が類似経験を語ることで共感的な反応を示す。語り手が用いていた観点の他の側面に焦点を当てる	・語り手が自身の振る舞いに焦点を当てる [タイミング] 聞き手の共感的な反応後 [仕方]　語り手は観点を変更して自分に落ち度があったことを認める 〈観点を変更〉 事例 4：ファン歴→趣味 事例 5：講師・生徒→レベル

図 5-5　愚痴の継続と終了の特徴

　まず、愚痴の継続について論じる。図 5-5 からもわかる通り、聞き手は語り手の愚痴と似た経験を語ることで共感的な反応を示していた。タイミングについては、語り手の発話に対して聞き手の反応が期待されるときである。事例（4）・(5) では、聞き手が「え」と発話を開始し、似た経験を語っている。具体的には、単に似た経験を語るのではなく、異なる切り口から語ることで、他の側面からみても「あなたの愚痴が理解できる」、「あなたの愚痴は妥当である」という寄り添い方をしていた。このような共感の仕方は、語り手の愚痴を後押しする強い方法といえる。語り手と似た経験を同じ側面から語るだけでも十分に理解を示すことができる。しかし、他の側面から語ることで語り手の愚痴を支持するという証明のほうが、支持できる証拠の独自性が高まる。釜田（2018）は、愚痴のやりとりについて、語り手が自らの能力に関連する愚痴を語った場合、聞き手は語り手の能力を否定することがないように共感的な反応を示すと指摘している。つまり、愚痴の性質が語り手の

能力に関わる場合、聞き手はより慎重に共感を示すことが求められる。以上のことを踏まえると、愚痴に対して聞き手は、いくつかのポイントから判断をしながら共感を示そうとしているのではないか。これを整理すると図5-6のようになる。

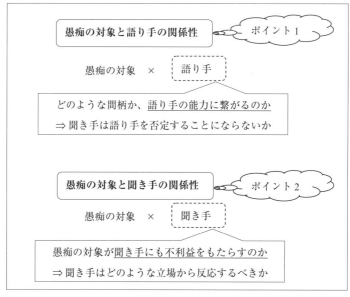

図 5-6　共感的な反応を示す際の判断ポイント

　ポイント1は、愚痴の対象と語り手がどのように関係しているかということである。例えば、聞き手は、愚痴の対象を非難することで語り手への非難を避けなければならない。また、愚痴の対象に否定的な評価を行うことで語り手の能力を否定する可能性も孕んでいる。事例(3)においては、Bが特定の生徒の非難に繋がるかたちで同調することでAとの間で齟齬が生じていた。そこで、Aは自己卑下を行うことで愚痴をやり直していた。以上のことを踏まえると、語り手と愚痴の対象との繋がりを判断しながら共感的な反応を示すことがいかに高度なことであるかが窺える。

　ポイント2は、愚痴の対象が聞き手にも不利益・不都合な状況に繋がる側面についてである。事例(4)・(5)は、語り手と聞き手には共通点(事例(4)は二人とも同じアイドルを支持するファン、事例(5)は二人とも最近、塾講

師を開始)があり、同じ立場から類似経験を語るという共感の示し方であった。事例(4)は、身近な人の最近の出来事、事例(5)は、塾の生徒の振る舞いが取り上げられていた。事例(4)・(5)の聞き手は、語り手が取り上げている第三者(身近な人・生徒)とは直接的な繋がりはない。そのため、聞き手に不利益が生じる可能性は低い。しかし、もし事例(4)・(5)の語り手が共通の知り合いを愚痴の対象とした場合、聞き手には、共感的な反応を示す際に以下のような葛藤が生じるのではないか。例えば、愚痴の対象と関わりがある場合、聞き手は自分にどのような影響があるのかを考える。影響がある場合は、より慎重に反応を示す必要がある。事例(4)・(5)において聞き手は、語り手とは異なる切り口から類似経験を語ることで、他の側面から考えても「あなたの愚痴が理解できる」、「あなたの愚痴は妥当である」という寄り添い方をしていた。他の側面から語ることを可能にしているのは、愚痴の対象となっている第三者が聞き手と直接的な繋がりがなく、聞き手が不利な状況にならないことが要因として挙げられる。以上のように、聞き手は、愚痴の対象と語り手・聞き手の関係性を慎重に判断しながら共感的な反応を示そうとしていることが示唆された。

　次に愚痴の終了について論じる。聞き手の共感が十分に示されたタイミングで、語り手は愚痴の対象に関連させて自分に焦点を向ける(図 5-5)。その際に、愚痴を語っていたときとは異なる観点から語っている。事例(4)では、自分が知らない趣味を持っている人に対する自分の振る舞いについて反省を述べている。事例(5)では、自分ではなく、他者のレベルに立つことで自分の欠点を述べている。語り手は、愚痴の対象人物の問題として捉えるのではなく、自分の落ち度を示すことで、愚痴がそれ以上発展しないように仕向けていた。

　最後に、今後の課題を述べる。今回の分析結果はオンライン会話の特徴なのか、または対面会話においても同じ現象がみられるのか、今後、対面会話との比較を行いたい。

第6章

自己卑下に対する共感が
対人関係構築に果たす役割
―自己卑下の継続回避のための共感的な反応―

1. はじめに

　日常生活の中で、私たちは、自らのことを劣っていると語ることがある。例えば、物事がうまく進まないときに自分の能力不足だと思ったり、他者と比べて劣っていると感じたりするなど、様々な基準を用いて自分を低く評価する。自分が劣っていることを独り言のようにつぶやくことがある。それだけではなく、他者に自分が劣っていると聞いてほしいときもある。自分が劣っていることをわざわざ他者に伝えるのは、聞き手に聞いてほしい・認めてほしいという気持ちの表れではないか。つまり、聞き手に何らかの反応を期待しているといえる。しかし、聞いている側が、期待される反応を示すことは容易ではない。なぜなら、扱っている内容が会話相手の劣っている部分であるからだ。同調的な反応を示した場合、相手の能力が低いことを認めることになるかもしれない。一方で「そんなことはないよ」と否定的な反応を示した場合、語り手に「聞き手に自分の気持ちがわかるはずがない」と思われる可能性もある。

　次の事例をみると、自己卑下に対する反応が容易ではないこと、また慎重に反応を示そうとしていることがわかる。

(1)　iPad の紛失　　A 男 × B 男　（クラスメイト）
```
  1 A: 自分のだらしなさがちょっと (.) [身に染みるよね.
  2 B:                              [wo::
→3 B: そ(h)れは(h)hu.h[それは .hh もうわ(hh)らうしか
  4 A:                 [やばい
  5 A: [やばい
```

→6 B: [ないよね. ほんとに ((鼻をすする))=

7 A: =まじでもう本当に

8 B: <iPad>

9 　　(.)

10A: ばかかって

11B: > ha[ha ha ha .hh <

12A: 　　　[> he he he .hh <

13B: iPad .hh え .hh え(.)最近失くしちゃった?

14A: う:ん 最 <.hh > 最近↑なのかな [:

15B: 　　　　　　　　　　　　　[゜う [ん゜

16A: 　　　　　　　　　　　　　　　　[でも一週間

17 　　(1.6)

18B: いや: [一週間ほど前ぐらい?

19A: 　　　[(゜ <くらいか↑な::: >゜)

20A: ゜↑た [ぶ↑ん゜

21B: 　　　[.hh

22B: お::[:

23A: 　　[まじで

24B: <.hh> お::hh

25A: < ほんとにさ: やばいって:hh>

26 　　(0.2)

27B: .hh いや なんか あ: とか う:

28 　　とかしか言えなくなってきた> な: これ< .h[h hh >he he< .hh

29A: 　　　　　　　　　　　　　　　　　　　[やばい iPad

　この前のやりとりで、Aは3万円のイヤホン、更にiPadも失くしたと述べている。

　上記の事例では、Aが自分のだらしなさについて卑下している(1行目)。この卑下に対してBは「それは .hh もうわ(hh)らうしかないよね.」(3、6行目)とAの経験について、笑うしかないという反応を示している。つまり、Aの経験に対するBの意見を述べることを回避している。更にAは、自らのことを「ばか」と卑下する(7、10行目)。Bは笑い(11行目)、最近のこ

となのか（13 行目）、1 週間ぐらい前のことなのか（18 行目）、事実確認を行っている。A のだらしなさについては言及していない。その後も「お:::」（22 行目）や「お::hh」（24 行目）と繰り返すなど、「お::」という反応を示し、それ以上のことをしていない。A が「＜ほんとにさ: やばいって:hh＞」（25 行目）と自分のだらしなさ、出来事について望ましくないと述べると、B は「あ:」とか「う:」とかしか言えなくなってきたと述べており、反応に困っている様子が観察できる（27–28 行目）。

　このように、自己卑下に対して反応を示すことは、聞き手にとって負担が大きい。語り手にとって、他者に自分の欠点やネガティブな側面を開示することは、マイナスの印象を与えるリスクが高まる。しかし、それでも自身のことを低く語ってしまう。では、自己卑下を行う者は、聞き手にどのような反応を期待しているのか。また、聞き手はどのような共感的な反応を示すことで相手に寄り添おうとするのか。本研究は、共感的な反応に着目し、自己卑下をみていく。

　2 節では、自己卑下に関連する先行研究を取り上げる。3 節においては、分析の対象となるデータを示す。4 節では、自己卑下に対する共感的な反応を会話の流れから捉え、発話連鎖のパターンをみていく。5 節においては、自己卑下の継続を避けるための方法について論じる。6 節では、まとめを行う。

2.　先行研究

　まず、自己卑下の会話構造に関する先行研究について概観する。自己卑下が行われるきっかけについて、永野（2017）は「自己卑下の発話は何の脈略なしに発生するものではなく、前の文脈を受けた行為」（永野 2017: 68）であると説明している。自己卑下を行う目的について、原田・林（2017）は、自らを控え目に評価することで良い印象を相手に与えることはあっても、賞賛を得るために自己卑下が積極的に行われる可能性は低いと指摘している。また、自己卑下の連鎖の観点からは、自己卑下の連鎖の後には褒めの連鎖が起こりやすいことが報告されている（Golato 2005, 永野 2017）。

　次に自己卑下話者とその聞き手に注目している研究を取り上げる。自己卑下話者は、聞き手から卑下の内容を否定するような反応がくることを期待している（Pomerantz 1984, 吉田・浦・黒川 2004, 吉富 2011）。これは、自身だけでなく、身内の卑下に対しても同様である（吉富 2011）。全（2016）は、初

対面における日本語母語話者間の会話と韓国語母語話者間の会話にみられる自己卑下の特徴を分析している。その結果、韓国語母語話者間の会話では、能力や性格、置かれた状況において自己卑下を行う傾向にあると述べている。また、相手への応えとして自己卑下を行うこともあれば、取り上げられた話題と関連付けて自己卑下を開始することもあるという。一方、日本語母語話者間の会話においては、自分の能力を卑下する傾向にあり、相手の質問への応えとして自己卑下を行うことが多いと指摘している。これに関して、友人に対しては性格領域に関する自己卑下を行うことが望ましいという指摘もある（吉田 2012）。Pomerantz（1984）と永野（2017）は、優先構造の組織の観点から、自己卑下の聞き手について分析を行っている。優先構造の組織とは、聞き手が話者の期待に合わせて反応しようとすることである（Sacks 1987）。卑下に対して聞き手は否定的な反応を示すことが期待される（Pomerantz 1984）。聞き手は、卑下に否定的な反応を示す際に「いやいやいや」などと反応し、具体的な発話を続けなかったり（永野 2017）、褒めたり、部分的に自己卑下話者の発話を繰り返し、その後、否定的な反応を示すことがある（Pomerantz 1984）。また、Pomerantz（1984）は「自己卑下」に対する否定的な反応について、以下のように説明している。

R：'hh But I'm only getting a C on my report card in math.
　　しかし数学のレポートで唯一 C を取ってしまった

→ C：Yeh but that's passing Ronald,
　　うん、でもパスしたじゃん、ロナルド

Pomerantz（1984: 87）[1]

　Rは、数学のレポートでCを取ってしまったと卑下をしている。卑下に対してCは、レポートの「A・B・C」の評価のカテゴリーから「合格する－落ちる」と再カテゴリー化を行うことで「自己卑下」を否定していると Pomerantz（1984）は指摘している。

---

[1]　トランスクリプトの記号の意味（Atkinson & Heritage 1984: ix–xvi）は以下の通りである。
mine　　　Emphasis is indicated by underlining
hhh・hhh　Adudible aspirations（hhh）and inhalations（・hhh）are inserted in the speech where they occur.

　一方で、自己卑下に対して同調する場合もある (Kim 2014, 今田 2015, 永野 2017)。日本語母語話者間の会話において、同調する際は自己卑下話者の発話をそのまま繰り返すことが指摘されている (Kim 2014, 永野 2017)。永野 (2017) は、自己卑下の対象が家族の場合、聞き手は否定的な反応も肯定的な反応も示しておらず、卑下に触れないようにすると述べている。

　以上を踏まえ、自己卑下の会話構造、自己卑下話者とその聞き手に関する先行研究における課題を論じる。

Ⅰ. どのような発話がきっかけで自己卑下が生じるのか

　会話においてどのような流れの中で自己卑下が出現するのだろうか。自己卑下は前の文脈を受けた行為である (全 2016, 永野 2017)。前の文脈の性質について、全 (2016) は「質問」と述べているが、「質問」といっても事実を問うものと相手の経験を問うようなものでは性質が異なる。そこで本研究では、どのような発話を受けて自己卑下が生じるのかをみていく。

Ⅱ. 自己卑下を語ることで、何を達成しているのか

　自己卑下話者は、自己卑下を通して聞き手にどのようなことを働きかけているのか。

　自己卑下の内容には性格や能力についてのものがある (全 2016, 吉田 2012) が、自己卑下話者は自分を低く評価することで何を達成しようとしているのか、自己卑下話者の行為を捉える必要がある。

　先行研究を整理し、本研究の位置づけ (図 6-1) を述べる。

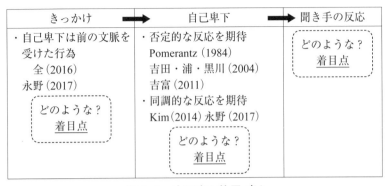

図 6-1　本研究の位置づけ

　「きっかけ」について、自己卑下発話の前の文脈に着目する。自己卑下は前の文脈を受けた行為であるという先行研究（全 2016, 永野 2017）を更に掘り下げ、自己卑下の直前の性質に焦点を当てる。直前の発話の性質を明らかにすることで自己卑下の特徴を明確に捉えることができる。「自己卑下」については、自己卑下を行うことで自己卑下話者が聞き手にどのようなことを働きかけているのか、またどのような反応を聞き手に期待しているかを追究する。自己卑下話者は聞き手から否定的な反応を期待する（Pomerantz 1984, 吉田・浦・黒川 2004, 吉富 2011）場合もあれば、同調的な反応を期待する（Kim 2014, 永野 2017）場合もある。自己卑下の発話について、単に自身を低く評価しているだけなのか、なぜそこで卑下をする必要があったのかを直前の発話と合わせて観察し、何を達成しようとしているのかを明らかにする。一方、「共感的な反応」について、自己卑下に対する聞き手に着目する。自己卑下話者がどのような反応を聞き手に期待しているのかを分析する。また、聞き手は自己卑下話者の期待する反応と一致する反応を示しているのか、そうでない反応を示しているのかを共感的な反応の観点から追究する。また、「きっかけ」との関連も分析の対象とする。

3.　分析対象となるデータ
　本研究は、日本の同じ大学に通う学部 1 年生の二者間の会話を分析対象とする。主に 3 つの調査から収集した会話データを分析する（表 6-1）。

表 6-1　会話データ

	関係	収録時期	ペア
1	初対面	2010 年 5 月～6 月	20
2	知人	2014 年 6 月～7 月	20
3	知人	2017 年 7 月	18

　1 と 2 については、調査者から話題の指定はせず、自由に約 15 分間、会話をしてもらった。会話中、調査者はその場から退室した。会話は全て IC レコーダーで録音した。

　3 は、調査の手順は 1 と 2 と同様であるが、IC レコーダーとビデオカメラで会話を収録した。

　会話データを分析した結果、1 と 2 においては、9 例の「自己卑下」が観察された。3 においては 18 例の「自己卑下」がみられた。

4.　会話の流れ

　本研究では「自分が劣っていると伝えることで「そんなことないよ」と否定を期待したり、「そうだね」と肯定を期待したりしている語り」を「自己卑下の語り」とする。そのような期待がない場合は、単に自分あるいは自己の領域にある人や物の価値が低いことを述べただけの発話として、本研究の対象外とする。ここでは、データ 1・2 を分析対象とする。

　「愚痴」は望ましくない事態を経験したこと、直面したことに対して「それは大変だったね」と同調を期待している。一方、「自己卑下」は自分自身の能力や経験がトラブルの原因であると語ることで、「そんなことないよ」のような否定や「そうだね」のような肯定を期待している点で「愚痴」とは異なる。「自己卑下」の語り手と聞き手は、いくつかのリスクを抱えていると考えられる。例えば、語り手は自分を曝け出すことで自分の弱い部分をみせることに繋がることもある。Altman & Taylor(1973) は、自分の弱い部分をみせることは深い自己開示となることもあると述べている。語り手は自分の弱い部分をみせることで聞き手との距離が縮まる場合もあれば、同情を引こうとしている印象を与えてしまうリスクもある。一方、聞き手は、「自己卑下」に対して否定・肯定の判断を慎重に行い、相手を傷つけないように共感的な反応を示さなければならないが、判断を間違うと語り手を否定するこ

128 |

とになり、人間関係が崩れるリスクもある。吉田・浦・黒川 (2004) は、「自
己卑下」を行うことに対人的ストラテジーがあると述べている。日本文化に
おける「自己卑下」は「自分に親しみを感じてほしい」と考える「関係志向
的な動機」と、「相手にそんなことないよ、と言って欲しい」と考える「自
己奉仕的な動機」の2つを、同時に満たすことが可能な複合的な効果を持つ
対人的ストラテジーである可能性を指摘している。自己卑下を行った者は、
相手から否定的な反応が示された (そんなことないよ／悪くないよ) とみな
すほど、肯定的な自己への見方が形成される可能性があり、一方、共感的な
反応 (そういうこともあるよね／私も下手だよ) が返された場合は、そのよ
うな肯定的な自己への見方が形成される可能性は認められなかったと吉田・
浦・黒川 (2004) は指摘している[2]。その理由は、共感的な反応は類似性を示
す反応であり、明確な意思表示である否定に比べると、自己卑下を行った者
に及ぼす影響力が弱い、または共感的な反応は人間関係の良好さの知覚と結
びついているため、効果を持たない可能性があるからである (吉田・浦・黒
川 2004)。この主張から、「自己卑下」の語り手は、聞き手に共感的な反応
を求める場合、相手との関係維持に志向していると考えられる。

　まず、想定される「自己卑下」の発話連鎖を以下の図 6-2 に示す。

　「自己卑下」は、聞き手から「そんなことない」と否定してもらうことを
期待している場合と聞き手から「そうだね」と肯定してもらうことを期待し
ている場合がある。

　最初に、AがBに「自己卑下」を否定してもらうことを期待している場
合の会話の流れを考える。BがAの「自己卑下」を否定し、それが十分な
反応であるとAが判断したときに、Aが更に「自己卑下」を続ける場合
と、「自己卑下」が収束する場合が考えられる。一方、Aが期待する否定が
十分ではないとAが判断したときは、「自己卑下」をやり直す場合と収束す
る場合が想定される。Aは「自己卑下」を否定してもらいたいと期待してい
るが、Bが否定しない場合は、Aの期待に応じることができず、Aが「自己
卑下」をやり直す、または収束する場合が考えられる。

2　吉田・浦・黒川 (2004: 146) は、否定反応を「卑下内容を否定する反応」、共感反応は
「理解を示し、同様の卑下を返す反応」と定義している。

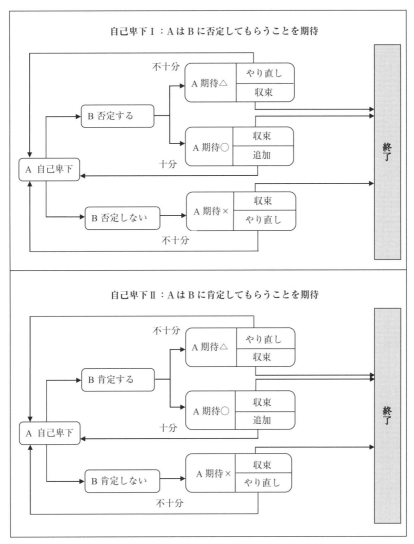

図 6-2　想定される「自己卑下」の発話連鎖

　次に、AがBに「自己卑下」を肯定してもらうことを期待している場合を
考える。Aが期待する肯定をBが行った場合、Aが「自己卑下」を更に語る
場合と収束する場合が考えられる。一方、Aにとって十分ではない肯定の場

合は、A が「自己卑下」をやり直す場合と収束する場合が想定される。「自己
卑下」に対して肯定してくれることを期待している場合に B が肯定しない場
合は、A が「自己卑下」をやり直す、または収束する場合が考えられる。

　次に分析結果を以下の図 6-3 に示す。調査の結果、本研究では次の太字の
パターン 1、2、3 がみられた。

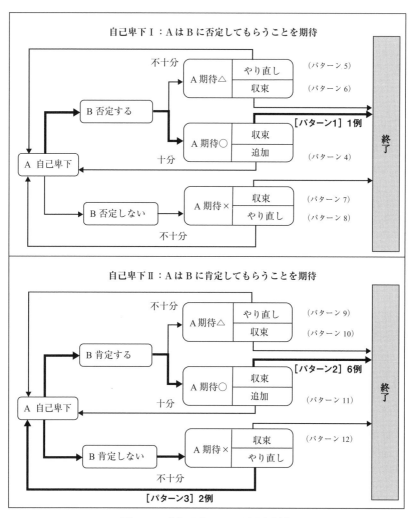

図 6-3　「自己卑下」の発話連鎖

　パターン1は、Aの「自己卑下」に対してBが否定し、Aの「自己卑下」が収束していく場合である。パターン2は、Aの「自己卑下」に対してBが肯定し、Aの「自己卑下」が収束していく場合である。パターン3は、Aの「自己卑下」に対してBが肯定しておらず、Aは肯定してもらうことを期待しているため、「自己卑下」をやり直している場合である。具体的に、どのような連鎖がみられたかを以下の表6-2にまとめる。

表6-2　「自己卑下」に対する共感発話の連鎖パターン

パターン	Aの「自己卑下」	Bの反応	Aの反応
1	塾講師のアルバイトをしていて、教科書以外のことを教えることはできない	「[教]えられるだけすごいよ」	「テキスト通りの授業をしている」 終了
2	何も経験していない自分が三千円の時給を申し出ることは申し訳ない	「なんかほんとに受からしてくれるんだろうなとか[思われると].hhす[（　）プレッシャーだよね.]」	「[>そそそそそ<]」「[責任があるよね.]」 終了
2	下宿生活で、自炊をすると決めていたが実際は本当にダメだ。すぐにインスタント食品に手を出してしまう	「そうだよね?」「[なん]か(0.5)めんどくさ¥くなるよね?¥」	「んどくさい」 終了
2	((Aのサークルに他の学校から1人で参加している人がいると))それはものすごく勇気のいることで、自分は多分できない	「だよね.」 「で↑きないよね.そんな」	「まり知らその兄ちゃん以外知らない人ばっかやん.」 終了
2	受験のときに勉強していたはずのことが思い出せない	「一瞬だよね?:[もう]」	「[うん]間違い[ない]」 終了

3-1	受験の時に周りはすごく頑張っていたが、自分は12時前には寝ていて全然勉強していなかった	「健康でいいじゃん.それで」	やり直し
2 (3-1 続き)	受験の時に、自分は12時前に寝ていて、自分には健康的であると言い聞かせていたが、1、2時まで勉強したという周りの話を聞くと負けてると思った	「そっか(.) そう゜だね.゜」「だ‐やってる人絶対やってるもんね.」	「゜う:[ん゜]」 終了
3-2	高校時代に勉強で一回も学力が伸びたと感じたことがない	「゜おまえ゜それで○○まで来てる[ってこと]はなんかすげ:平均的に伸びてんだよ」	やり直し
2 (3-2 続き)	受験の時は絶望的で、どこも受からないと思った	「俺もそれ思った」	「゜ん゜」 終了

　まず、パターン1から詳しく論じる。パターン1は、AがBに「自己卑下」を否定してほしいと期待しており、BがAの期待する否定を行い、「自己卑下」が収束していく場合である。

＜パターン1＞
（2）　塾で教えることについて　　A男×B男　（同じ部活に所属）
（Aは塾で講師としてアルバイトをしており、教科書以外のことは教えられないと「自己卑下」をしている。この事例の1行目のAの「いっちゃって」や6行目の「いっちゃうから:」という発話は、おそらく古文や漢文を解く、「解いちゃう」と同じ意味で使用しているようにみえる。なぜなら3行目のBの発話が「そういう人か:(.)[超]できちゃう人だ:」とAの能力を高く評価しているからである）

　1　A：俺古文もなんとなくでいっちゃっ [てるからさ:]
　2　B：　　　　　　　　　　　　　　　 [あ::]

```
 3 B: そういう人か:(.)[超] できちゃう人だ:
 4 A:              [¥hu¥]
 5 B: そ [れは]
 6 A:   [古ぶ] んも漢文もなんとなくでいっちゃうから:
 7    (0.4)
 8 B: あんね: なんか文法いざ教えろっていわれると: えってなっ ¥ ちゃう hh¥
 9 A: 俺教科書に載ってること以外教えられないか [ら :]
10 B:                        [あ] ::
11    (0.9)
12 A: テキ [スト]
→13 B:    [教] えられるだけすごいよ
14    (.)
15 A: テキスト通りの授業をしている
16    (0.5)
```

　この事例で注目したいのは、Aの「自己卑下」(9行目)に対してBはAを賞賛している点である(13行目)。

　Aは「古文」も「漢文」もなんとなくで解いてしまうと述べており(6行目)、この発話に対してBは文法を教えろと言われると戸惑うと、「古文」や「漢文」ができることとは別に、教えることに焦点を当てている(8行目)。Bが持ち出した「教える」ことに話を合わせながら、Aは教科書以外のことは教えることができない、つまり、能力の限界であり、教える能力が低いと「自己卑下」を行っている(9行目)。Aは教える能力の低さを問題にしていることから、Bから「そうだね」と肯定されることよりも、「それで十分だよ」などと否定されることを期待していると想定できる。Bは一度「あ::」と肯定・否定のどちらでもない反応を示し(10行目)、「教えられるだけ」と賞賛できる部分を取り出して「すごいよ」(13行目)と励ましている。つまり、「自己卑下」を否定することで共感的な反応を示している。この発話に対してAは教科書以外のことは教えられないとBの賞賛に対して謙遜している(15行目)。

　以上のように、「自己卑下」に対して聞き手から否定がくることが期待されている場合に、聞き手が否定をすることで、語り手は、肯定的な自己へ

の見方を形成している（吉田・浦・黒川 2004）。本研究のデータから、単に「そんなことないよ」と否定するだけでなく、語り手への賞賛や励ましに繋がることが観察された。事例 (2) の会話の流れを簡単に以下に示す。

＜事例 (2) の会話の流れ＞

```
A：古文も漢文もなんとなくでいっちゃうから：
B：文法いざ教えろっていわれると、えってなっちゃう
A：俺教科書に載ってること以外教えられないから        →自己卑下
B：教えられるだけすごいよ              →「自己卑下」の否定
A：テキスト通りの授業をしている
```

　次に、パターン 2 について論じていく。パターン 2 は A の「自己卑下」に対して B が肯定し、A の「自己卑下」が収束していく。

＜パターン 2 ＞
(3)　塾のアルバイト　　A 男 × B 女　（初対面）
（A は、自分で時給が設定できる家庭教師やチューターがあると話している。しかしながら、A は高い時給を設定することは経験不足の自分にはできないと「自己卑下」をしている場面である。B は A の「自己卑下」を肯定している）

```
 1 A：時給自分で決めれるからさ：
 2 B：あ：
 3 A：三千円とか決め [れ (        )]
 4 B：          [いい値で] みたいな. [.hh]
 5 A：                      [.hh]　まじそれはね：でも
 6 B：自分いえ [ないよね.]
 7 A：     [申し訳ないよね.]hu：[ん]
 8 B：               [う]：ん
 9 A：申し訳ない (.) だってなにもやってないさ：
10 B：う：ん＝
```

```
 11A：＝経験してない人がさ：
 12　　（.）
 13A：［三千円って］（.）どんだけ高いのってい［う ］
 14B：［（（咳））（（咳））］　　　　　　　　　　　［う ］：ん
 15A：（（咳））
```
→16B：なんかほんとに受からしてくれるんだろうなとか［思われると］.hh
```
 17A：　　　　　　　　　　　　　　　　　［＞そそそそそ＜］
```
→18B：す［（　　）プレッシャーだよね.］
```
 19A：　　［責任があるよね.］うん
 20　　（1.0）
 21B：そっ［か：］（0.6）塾か：あたし塾行ったことないからさ［：］
 22A：　　　［（（咳））（（咳））］　　　　　　　　　　　　　　［う ］ん
 23B：そういうの全然分かんない［から］
 24A：　　　　　　　　　　　　　　［あ：］：
 25B：チューターとかいわれてもいまいちあんま分かってないんだって
```

　この事例で注目したいのは、Aの「自己卑下」をBがAの心情に同調を
示すかたちで肯定している（16、18 行目）点である。
　Aは、3 行目で時給を三千円に設定できると言いながらも「申し訳ない」
（7 行目）、「なにもやってないさ：経験してない人がさ：」（9、11 行目）と、
何もやっていない人を経験していない人に言い換えて、経験不足のため三千
円が自分にはふさわしくないと「自己卑下」をしている（13 行目）。この
語りは「愚痴」にもみえるが、Aが「申し訳ない」と繰り返しながら（7、
9 行目）自分の経験不足として語っているため「自己卑下」であると理解で
きる。実際に、BがAの語りを「自己卑下」として解釈していることが次
のBの反応に現れている。BはAの経験不足には触れずに、生徒から受け
るプレッシャー、つまりAの心情に焦点を当てて肯定している（16、18 行
目）。このように心情に焦点を当てて同調を示す方法は、「愚痴」に対する
共感的な反応の特徴、「愚痴」のパターン 1 に当たる。つまり、Bは「愚痴」
とも聞くことができそうな「自己卑下」の語りに対してAの経験を否定し
ないように共感的な反応を示している。Bの反応に対してAは、「うん」（19
行目）と肯定し、Bの反応を受け入れている。事例（3）の会話の流れを簡単

に以下に示す。

＜事例（3）の会話の流れ＞

A：時給自分で決めれるからさ：

B：あ：

A：三千円とか決めれ

B：いい値でみたいな

A：それはね：でも

B：自分言えないよね

A：申し訳ないよね

B：うん

A：申し訳ない

　　だってなにもやってないさ：　　　　　　→自己卑下

B：う：ん

A：経験してない人(＝自分)がさ：

A：三千円ってどんだけ高いのっていう

B：う：ん

B：ほんとに受からしてくれるんだろうなとか　→「自己卑下」の肯定
　　思われるとプレッシャーだよね

A：うん

　最後にパターン3について説明する。パターン3は、Aは「自己卑下」を肯定してもらいたいと期待しているが、Bが肯定せずに否定し、Aが「自己卑下」をやり直している。

＜パターン3＞
（4）　勉強方法について　　　A男×B男　　（同じ部活に所属）
（Bは部活を引退した後、勉強するようになり、点数が伸びたと述べている。

一方 A は勉強を続けてきても一回も伸びたと感じたことがないと「自己卑
下」をしている場面である）

```
 1 B： で部活引退すんじゃん.
 2 A： うん
 3 B： 勉強するようになったら点数伸びて
 4 A： あ::
 5   (0.3)
 6 B： お:ってなったね
 7 A： お:
 8 B： 宿題大事だわと [思(　  )]¥hh hh .h[h kon¥]
 9 A：             [¥お hh hh ¥]       [それは素晴] らしい
10   (.)
11 B： で気づいたのが中学三年終わりかけてから [だから hh hh]
12 A：                             [¥あ hh hh hh¥]hh hh
13 A： もちょっと早く気づいてれば [ね]
14 B：                   [<ね.>](0.7)全くだよ
15   (1.4)
16 B： 食 [べよ]((お菓子の袋を触る音))
17 A：   [˚>え] すっごいな<˚
18 A： 勉強で一回も伸びたって思ったことない:で来ちゃったからな:
→19 B： ˚おまえ˚それで△△((大学名))まで来てる [ってこと] はなんか
20 A：                              [¥hh hh¥]
→21 B： すげ:平均的に伸びてんだよ
22 A： ¥e he [he¥]
23 B：      [hh]
24 A： やまじ(.)なんかもう絶望的な感じだったからさ:
25 B： hu hu
26 A： .hh あ俺もうどこも
27   受かんねえいじゃんみたいな((お菓子の袋を触る音))
28   (0.8)
→29 B： 俺もそれ思った((お菓子が口に入っている))
```

```
30A: ゜ん゜
31    (.)
```

　この事例で注目したいのは、Aの「自己卑下」のやり直しである。Aは学習能力について卑下している。この「自己卑下」に対してAはBに肯定してもらうことを期待しているが、Bは否定しており、Aが「自己卑下」をやり直すことでBが肯定し、「自己卑下」が収束している。Aの意図に合わせてBが反応を調整し、AもBの反応の出方によって、「自己卑下」のかたちを変えている。このプロセスに着目する。

　最初の「自己卑下」は、18行目である。Bが宿題の重要性に中学3年の終わりに気づいたこと（1、3、6、8、11行目）に対してAが「それは素晴らしい」、「゜＞えすっごいな＜゜」（9、17行目）とBを賞賛し、自分は一度も勉強で伸びたと思ったことがないと「自己卑下」をしている（18行目）。同時にこの発話は、AはBのように勉強をするようになってから点数が伸びた経験（3行目）がないことを含意しており、この時点で既にAがBと自分の能力を比べていることが観察できる。また、「自己卑下」を行うことで、Aは自分が劣っていることを表明しながらBの状況を羨んでいることが「伸びたって思ったことない:で来ちゃった」の「てしまった」という表現からも窺える。このAの発話は自らの状況についてBに知ってほしい、同調してほしいと期待している点においては「愚痴」と似ているが、AはBと比較したうえで、自らの能力が劣っていることを「トラブル」の中核として語っている点が「愚痴」とは異なる。BがAの語りを「自己卑下」として捉えていることが、次のBの反応においても現れている。Bは、能力が伸びたことを自覚することなく今の大学に入ったのは平均的に伸びていたからだとAを励まし、「自己卑下」を否定している（19、21行目）。もしAの語りを「愚痴」として聞いた場合、Bはこのように励ます必要はない。しかし、Aはその励ましに「や」と抵抗を示し、「自己卑下」をやり直している。「なんかもう絶望的な感じだったからさ:」と「絶望的」という強い感情を表明し（24行目）、続けて「絶望的」を詳しく語るかたちで「あ俺もうどこも受かんねえいじゃんみたいな」と当時の心境を語り、「自己卑下」をしている（26、27行目）。

　このAの「自己卑下」のやり直しは、AとBの認識のズレからくるもの

であると考える。Ａの「自己卑下」に対してＢはまず、Ａの能力に関する
ことであるため、「自己卑下」を否定したと考えられる。しかしながら、前
述した通り、ＡとＢとの間に能力・経験の差があるとＡは捉えている。Ｂ
は勉強をするようになってから点数が伸びたが、一方のＡは勉強で一回も
伸びたと感じたことがない。そのため、勉強をするようになってから点数が
伸びたＢには、Ａの状況を容易に理解することは困難である、またはＡに
しかわからない固有の経験であるとＡが認識していた可能性があり、Ａは
Ｂの否定を受け入れることができないのではないか。したがって、ＡはＢ
の発話に抵抗し、当時の自分の状況を１回目の「自己卑下」よりも強めて
「絶望的」や最悪の事態として説明しながら、能力の低さを開示していると
いえる。「自己卑下」のやり直しを受けて、Ｂは、Ａとの間に能力の差がな
いことを提示するような否定の反応をしなければならないが、受験当時の
Ａの心境に寄り添う反応も示さなければならないジレンマに直面している
と考えられる。Ａの期待に添う反応が求められているが、Ｂはすぐに反応で
きず、沈黙が生じていることからも、Ｂの反応の難しさが窺える（28行目）。
Ｂは「俺もそれ思った」（29行目）と自分も同じ心境であったとＡの心情に
同調している。「そんなことないよ」という「自己卑下」の否定ではなく、
この場合は「そうだね」というニュアンスと同様の意味を「俺もそれ思っ
た」という表現で伝えている。つまり、「自己卑下」を肯定している。敢え
て具体的にどう思ったかは語らず、Ａの固有の経験として認めようとする
方法である。Ａの能力には触れずに、Ａの心境に焦点を当てている。このＢ
の反応をＡは受け入れている（30行目）。このようにＡの態度に合わせてＢ
は反応を調整している。

　以上のように、Ａにとっては勉強をすれば、その分、能力が伸びるＢが
羨ましい。このような状況でＢは、Ａの期待に添うような「自己卑下」に
対する反応を示すことが求められている。これは非常に複雑なやりとりであ
る。このような複雑なやりとりにおいて、ＢはＡの能力に踏み込まずに焦
点をずらして、Ａの心境に理解を示しており、このような調整が人間関係の
維持に繋がっていると考えられる。前述した通り、吉田・浦・黒川（2004）
は「自己卑下」に対する否定的な反応（「卑下内容を否定する反応」）は、語
り手にとって肯定的な自己が形成される可能性があり、一方、共感的な反応
（「理解を示し、同様の卑下を返す反応」）を受けた語り手は、肯定的な自己

の形成に繋がらない可能性があると主張している。だからこそ、今回取り上げたAとBのぎくしゃくした状況のときに「自己卑下」に対する肯定的な反応[3]が、AとBとの間で生じた認識のズレ、不一致を埋める有効な手段として表れているのではないか。つまりBがAの「自己卑下」に対して肯定することで類似性を強調しているのである。事例(4)の会話の流れを簡単に以下に示す。

＜事例(4)の会話の流れ＞

B：勉強するようになったら点数伸びて
A：あ：：
B：宿題大事だわと思
A：それは素晴らしい
((省略))
A：勉強で一回も伸びたって思ったことない：　　　　→自己卑下
で来ちゃったからな：
B：おまえそれで△△まで来てるってことはなんか　→自己卑下を否定
すげ：平均的に伸びてんだよ
A：やまじなんかもう絶望的な感じだったからさ：
B：hu hu　　　　　　　　　　　　　　　　　　　→自己卑下のやり直し
A：あ俺もうどこも受かんねえいじゃんみたいな
(0.8)
B：俺もそれ思った　　　　　　　　　　　　　　　→自己卑下を肯定
A：°ん°

　本研究のデータにおける「自己卑下」の発話連鎖のパターンの特徴を以下の表6-3から表6-5に示す。

3　吉田・浦・黒川(2004)では、「共感反応」と呼んでいる。

表 6-3　自己卑下の発話連鎖パターン 1

1A：塾のアルバイトで教科書以外のことは教えられない	1A：自己卑下をする	1/9例
2B：教えられるだけすごいよ	2B：否定する　　共感的な反応	
3A：テキスト通りの授業をしている	3A：自己卑下が収束へ向かう（2B の反応を受け入れる）	

表 6-4　自己卑下の発話連鎖パターン 2

1A：受験のときは、絶望的でどこも受からないと思った	1A：自己卑下をする	6/9例
2B：俺もそれ思った	2B：肯定する　　共感的な反応（A の能力や経験不足に踏み込まず、心情に焦点を当てて同調）	
3A：うん	3A：自己卑下が収束へ向かう（2B の反応を受け入れる）	

表 6-5　自己卑下の発話連鎖パターン 3

1A：高校時代に勉強で一回も学力の伸びを感じたことがない	1A：自己卑下をする	2/9例
2B：それでこの大学に来ているってことは平均的にすごく伸びてるんだよ	2B：否定する　　共感的な反応	
3A：いや、まじで絶望的な感じだったからさ	3A：自己卑下をやり直す（2B の反応に抵抗を示す）	

　分析結果から、以下の特徴がみられた。「自己卑下」は語り手の能力や経験に関わるため、聞き手には慎重な反応が求められる。しかし、肯定・否定のどちらを語り手が期待しているのかを聞き手が判断することは容易ではないことがわかった。聞き手は語り手の意図を汲み取ることが困難であるため、パターン 3 のような認識のズレが生じる。「愚痴」の場合は同調が期待される。しかし、「自己卑下」の場合は語り手の期待が明確に示されない、つまり曖昧であるという特性を持つと考えられる。更に「自己卑下」は語り手の能力・経験と直接結びついている。そのため、聞き手は反応を示す際に、語り手の能力・経験を否定することを回避しなければならないが、同時

に語り手が期待する反応を示すことも求められる。つまり、聞き手は「自己卑下」に対して語り手の期待に合わせて反応したいと考える一方で、語り手の能力を否定することを避けて反応を示さなければならないというジレンマに直面する。このような語り手の語り方の曖昧性と聞き手の反応に関するジレンマが不一致の1つの要因として考えられる。

5. 自己卑下の継続回避の方法

ここでは、知人同士であるデータ2・3に着目する。会話データを分析した結果、以下のことが観察された。それは、自己卑下に対して共感的な反応を示すことで、自己卑下話者を羨むような振る舞いをしている場合である。これまでの研究では、自己卑下の後に褒めの連鎖が起こりやすいことが指摘されている（Golato 2005, 永野 2017）。本研究のデータにおいては、聞き手には存在しない性格・能力が自己卑下話者にあり、それについて羨ましいと聞き手が振る舞うことで寄り添っている。また、このような共感的な反応を示すことで、自己卑下の語りが収束していく。共感的な反応が、自己卑下の語りの継続に影響を与えていることが示唆された。図 6-4 に分析結果を示す。

図 6-4 の A・B は、発話者 2 名を指し、①〜⑥は会話の流れを示している。

A が自身の経験を語り（①）、その語りに対して B がポジティブな評価（提案）を行う場合（②）と、ネガティブな評価（指摘）を行う場合（❷）に分かれる。次に B の評価を受けて A が自己卑下を行う。直前がポジティブな評価（提案）の場合は、提案を否定するための自己卑下が行われ（③）、直前がネガティブな評価（指摘）の場合は、指摘を認めるために自己卑下が行われる（❸）。この A の自己卑下に対して B は肯定的な反応も否定的な反応もしていない（④）。これに対して A は再度自己卑下を行う（⑤）。この自己卑下は、1 回目の自己卑下（③・❸）よりも自分は最低の人間である、そのことを十分認識しているという振る舞いである。その後、これ以上、語りを進めることができず、B が共感的な反応を示し（⑥）、自己卑下の発話連鎖が収束していく。

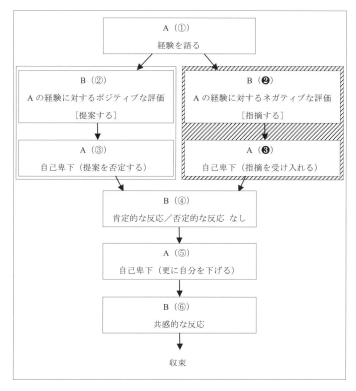

図6-4　自己卑下発話連鎖の特徴

それでは、事例をみながら分析結果を論じていく。

5.1　会話相手からの指摘を認めるための自己卑下

　事例（5）で注目したいのは、Aが自己卑下を行うことでBの指摘を認めていることである（22、25、31行目）。このやりとりの前で、AとBは互いの誕生日を確認している。Aは2月、Bは3月生まれであると述べている。

（5）　誕生日について　　A男×B男　（同じ部活に所属）

1　B：小学校低学年ぐらいままではさ:

2　A：あ:=

```
 3 B：＝結構差感じなかった．

 4    （1.0）

 5 B：そんなことないか

 6 A：や俺はなかった（.）だって（.）

 7 B：［ん］

 8 A：［あ］の：

 9    （0.2）

10A：俺は大体（0.2）えっお前：なんか　俺より早く生まれてるのに　この間の漢字

11   テスト俺より点数低かったよな：とかよく－［言ってたから：

12B：                            ［¥hh　hh¥

13A：えっ　どうしたの．その何ヵ月間（.）nyu　その何ヵ月間　意味ないじゃん．

14   お前　そのb.hh－何ヵ月間生きてたの．

15B：¥hh　ha［ha　ha　ha　ha¥］

16A：      ［¥　he　he　.hh　hh　hh　.hh　¥］

17B：.h［h

18A：  ［（微妙に）下だったから　hh　hh　hh　hh

19B：.hh　えぐっ

20A：hh　hh［hh　hh　hh　hh　hh　.hh　hh　hh

21B：      ［he　he　°えぐっ°he　he　he　.hh　そうなんだ．

22A：そう　うん　［いや　おれ：］

23B：          ［よくやる］ね．

24B：［ん］

25A：［ん］ゲス野郎だから
```

→26B：¥ゲス野郎だから¥

```
27A：ん

28   （0.7）

29A：＞まああまああまああまああまあ＜

30   （0.5）

31A：ちょっとね（.）人を見下すの大好きだし：
```

→32B：ま○○の場合言ってもそんな本気で嫌われたりしなそうだからね

```
     （（上記の○○はAの名字））

33   （0.4）
```

```
  34A: [ん]
→35B: [い] いよね. 俺○○((Aの名字))に言われてもムカッともしないだろうし
  36  (0.2)
→37B: そういうの ゜hh゜ こいつ面白えな：みたいな
  38A: ¥ he he [.hh hh hh  .hh hh hh¥
→39B:        [ことになって普通に終わるだろうから
→40B: い[いな：]
  41A:  [なんか ちょっと] ちょっとありがて：わ：
```

以下の①〜⑥は図6-4の①〜⑥に対応する。

① 経験を語る(A)

この前の部分でBはAに小学校の低学年まで同級生の中で生まれたのが遅く、成長面で差を感じていたことに同意を求めている(1、3行目)。しかしAは「や俺はなかった」(6行目)と同意ではなく、当時クラスメイトに言ったセリフを再現している(10–11、13–14行目)。やりとりを以下にまとめる。

> 「俺より早く生まれてるのに」
> 「俺より点数低かったよな：」
> (10–11行目)

> 「えっどうしたの.」
> 「その何ヵ月間 意味ないじゃん」
> 「何ヵ月間生きてたの.」(13–14行目)

これらの発話には他者を見下す表現が含まれている。具体的には、点数が低い(11行目)や「何ヵ月間生きてたの.」(14行目)などである。ここでAは、Bへの不同意を示すと同時に過去の経験が社会的に望ましくない行動であることを伝えている。

❷ Aの経験に対するネガティブな評価(B)

当時のAの再現(10–11、13–14行目)に対してBは笑いながら「え

ぐっ」(えぐい) という評価を繰り返している (19、21 行目)。「えぐい」というのは、あくが強いものに対する不快感を示すことばである。したがって B は、A の言動に対して「限度を超えている」、「ひどい」というネガティブな評価を行っている。

❸ 自己卑下 (A)

A は B の「えぐっ」(19 行目) という評価を受けて肯定し (「そううん」22 行目)、「いや おれ：」(22 行目) と発話を続けている。ここで A は B の評価を否定しようとした可能性があるが、B は A の発話と重なるかたちで「よくやるね.」(23 行目) と反応している。つまり、そんなことがよくできるものだと A とのスタンスの違いを示している。

しかし、A は B の「えぐい」という評価 (19 行目) を否定するのではなく、「んゲス野郎だから」(25 行目) と自分は最低の人間であると認めている (自己卑下)。それでは、自らを「ゲス野郎」とラベル付けすることで、A は何を達成しようとしているのか。自己卑下を単に自身のことを低く評価していると捉えるならば、A は最低な人間であると自分自身を評価していることになる。しかし、B の「えぐい」という評価後に産出されたことから、A は B の評価を認めるために自己卑下をしている可能性が高い。

④ 肯定的な反応／否定的な反応なし (B)

B は、A の自己卑下 (22、25 行目) に対して「ゲス野郎だから」と笑い声で A の発話を繰り返している (26 行目)。この B の繰り返しはどのような発話なのか。Pomerantz(1984) は、相手の自己卑下に対して否定的な反応を示す際には、部分的な繰り返しが行われることがあると述べている。また Kim(2014) や永野 (2017) は自己卑下に対して同調する際には、自己卑下話者の発話をそのまま繰り返すと指摘している。しかし、本研究のデータにおいては B は A の自己卑下に対して「¥ゲス野郎だから¥」(26 行目) と笑い声で繰り返すだけである。したがって肯定的な反応も否定的な反応も示していない。ここで B は「ゲス野郎なんかじゃないよ」と否定的な反応や、「そうかもね」と肯定的な反応を示すこともできたはずである。しかし B が「A はゲス野郎である」と認めた場合、二人の人間関係に支障が生じる可能性がある。一方で A の自己卑下は、B の指摘を認めるためのものでもある。そ

のため、これに否定的な反応を示すと B は自分の下した「A の言動はひど
い」という判断・評価が間違っていたと認めることになる。B には以下のよ
うなジレンマが生じているのではないか。

1. 自己卑下に肯定的な反応を示す
　→ A は最低であると認める。
2. 自己卑下に否定的な反応を示す
　→ A への評価が不適切であったと認める。

　B はジレンマ 1・2 を抱えているため、A の自己卑下に反応を示すことが
できない。そのことが、その後の 0.7 秒の沈黙（28 行目）からも窺える。ま
た、A は「＞まあまあまあまあまあまあ＜」（29 行目）と会話の滞りを解
消しようとするが再度、0.5 秒の沈黙（30 行目）が生じる。

　⑤　自己卑下（A）
　A は更に自己卑下を補強し、「人を見下すの大好きだし：」と 2 回目の自
己卑下を行っている（31 行目）。ここで自己卑下の内容がゲス野郎（25 行目）
より更にエスカレートしていることがわかる。明らかに B の予測を超えて
いる表現である。もし 1 回目の自己卑下後、A が自己卑下を続けようとする
ならば A は B が反応しやすい自己卑下を続けたり、1 回目の自己卑下の理
由や補足を行ったりするはずである。しかし、A の 1 回目の自己卑下（22、
25 行目）後、会話が円滑に進んでいない。A は更に自分を下げ、会話を継続
しようとする。1 回目の自己卑下（25 行目）では「ゲス野郎」という表現に
よってひどい性格であり、最低の人間であると表明していた。2 回目の自己
卑下（31 行目）においては、人を見下すことが大好きであると自身の性格を
具体的に描写することで B の反応をみながら語りを進めており、一方的に
会話を終わらせようとはしていない。

　⑥　共感的な反応（B）
　1 回目の自己卑下（22、25 行目）と同様に A の 2 回目の自己卑下（31 行目）
に B が反応を示すのは容易ではない。なぜなら A の自己卑下は、A 自身の
性格と強く結びついているため、A の自己卑下を認めた場合、同時に A は

ひどい人間であると認めることになる。実際、Aの2回目の自己卑下（31行目）後にBはAなら嫌われない（32行目）、Aがそのような行動をとった場合は面白いと思われる（37、39行目）とポジティブな評価を行っている（共感的な反応）。「いいな：」と更にAを羨むような振る舞い（40行目）をしている。このBの発話の組み立てから、1回目の自己卑下の「ゲス野郎」（25行目）、2回目の自己卑下の「人を見下すの大好き」（31行目）に対しての反応というよりは、1回目の自己卑下（22、25行目）の前のAの経験語り（クラスメイトにしたこと）に焦点を当てていることがわかる。更にBの評価を細かく観察すると32行目と35行目のAへの評価はどちらもAにとってポジティブな評価である。また、Bは視点を変えながら評価している。最初は第3者の立場からの評価（32行目）であり、次はクラスメイトの立場から評価している（35行目）。では、なぜ、Bは今になって1回目の自己卑下（22、25行目）の前のやりとりに焦点を当てているのだろうか。Aがクラスメイトに言ったセリフを再現した直後（15行目）にこのような反応（32、35行目）を示すこともできたはずである。しかしBはえぐいとAを評価し（19行目）、Aはこのびの指摘を認めるために自己卑下を行っていた（22、25、31行目）。

　Aは、Bの指摘（19行目）を受け入れる（22、25、31行目）と同時に過去の自分の行動は自分の性格が原因であるという振る舞いをしている。そのことは「ゲス野郎だから」（25行目）の「だから」と理由を提示していることからも観察できる。ゲス野郎だから、そのようなこと（クラスメイトにしたこと）ができるという説明である。つまり、Aにとっては過去の言動と現在の性格は繋がっているため、切り離せない関係である。このAの自己卑下に対してBは、Aのことを以下のように位置づけている。A以外が行うと許されないような行為であってもAが行うと許される。したがってBはAが特別な／例外的な存在であるとし、ゲス野郎だけれども、人から嫌われないというAの性格を尊重している（共感的な反応）。また、Bの共感的な反応がきっかけとなり、自己卑下の語りが収束していく。

　以下の図6-5にAの過去の出来事についての捉え方を整理する。

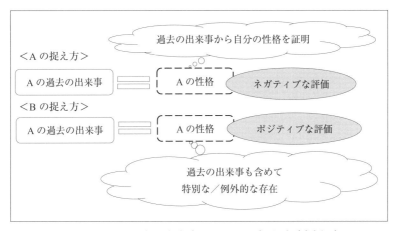

図 6-5　A の過去の出来事についての捉え方（事例 5）

　図 6-5 から、A は過去にクラスメイトにしたことが自分の性格に繋がって
おり、切り離せないものとして自己卑下を行っている。一方 B は、過去の
出来事も含めて A を例外的な存在として捉えることで、ポジティブな評価
をしている。

　A の 2 回目の自己卑下（31 行目）の後に、B が A をポジティブに評価す
る（32、35、37、39–40 行目）と、A は感謝を述べている（「なんか ちょっと
ちょっとありがて：わ：」41 行目）。A は 1 回目の自己卑下（22、25 行目）
の後、2 回目の自己卑下（31 行目）で自分は最低の人間であることを十分認
識していると表明している。同じ部活動に所属する仲間に敢えて、悪い印象
を与える可能性のある自らの性格を開示することは、信頼を脅かすリスクが
生じる。しかし、それでも B は、過去の出来事を含めて特別な／例外的な
存在として A の性格を尊重している。A は、自らの性格を否定せずに尊重
してくれる B に感謝を示していると考えられる。

5.2　会話相手からの提案を否定するための自己卑下

　事例（5）では、B がネガティブな評価を A に対して行うことで A が自己
卑下をしていた。ここでは、B がポジティブな評価を A に対して行い、A
が自己卑下をしている事例を取り上げる。

150 |

(6) 梃子の原理　　**A 女 × B 女**　（クラスメイト）

1 A：あたし小学校の時にさ：
2 B：う [ん
3 A：　　[＞だいじょぶ＜
4 　　（1.1）
5 A：こうやって：
6 B：うん
7 A：あの：垂直：(2.3) 進むみたい
8 B：う [ん
9 A：　　[＞あの＜(0.5) 梃子の原理とかってやるじゃん.
10 B：うん
11 　　（0.2）
12 A：ここへこうやってこうやって物があって
13 B：うん
14 A：引力があるから：
15 B：うん
16 A：ここに物が：置いてられるんです [よ： みたいな
17 B：　　　　　　　　　　　　　　　[うん
18 A：そういう話を聞いたときに [：
19 B：　　　　　　　　　　　[うん
20 　　（0.2）
21 A：意味がわからな過ぎちゃって [：
22 B：　　　　　　　　　　　　[¥うん [¥hh¥
23 A：　　　　　　　　　　　　　　[なんか
24 　　（2.2）
25 A：こうやってあるだけなのに：
26 B：[うん
27 A：[常にこれが吸い – これ
28 B：う [：ん
29 A：　　[吸い – 引き寄せられてる？
30 B：うん＝
31 A：＝って思えないじゃん.

32B：うん

33　（1.0）

34A：自分たちが歩いているのも：

35　（0.4）

36A：で気持ちわる過ぎちゃって：なんか：

37　（0.3）

38A：なん–わかんなくなっちゃった（.）

39　生きてるのがわかんなく￥なっち［ゃった￥

40B：　　　　　　　　　　　　　［＞ hh ［hh .hh ＜

41A：　　　　　　　　　　　　　　　　　　［￥ことがある　塾で：￥.hh 塾で：

((8 行省略：A は塾でも引力の話を聞いたときにわからなくなったと話している))

42B：ねもっとさ［：　.hh　なんかさ：すごいとこ

43A：　　　　　　［意味がわかんないね.

44B：行ったほうがいいんじゃないの.

45　（0.3）

46A：＞ ￥ hh hh ￥ ＜

47B：やアメリカとかで：そ　すっごい　とこ行ったほうがよさそうだよね.

48A：え？

49B：もったいない　なんか

50A：￥ hu hu hu hu ￥

51B：こきょーんなとこでさ：￥課題に追われてさ［：￥

52A：　　　　　　　　　　　　　　　　　　　［そ［胃–￥胃　壊してさ：￥]

53B：　　　　　　　　　　　　　　　　　　　　　［毎 ￥胃に：]hh hh hh .hh ￥

54A：￥ 熱出して［さ：￥

55B：　　　　　　　［＜そう＞

56　（0.2）

57B：もったいなくない¿　だってそういうの

58　（1.3）

59A：どういうこと¿

60B：えだかもったいないなんか　いろいろ ＞だって＜ そんなにいろいろ考えてる

61　のに：　.hh ここじゃ全然つ–それを使えてなくて：

62A：￥ hu hu hu hu .h［h ￥

63B:　　　　　　　　　[なん [か　もっとさ:

64A:　　　　　　　　　　　[¥ カス－カスじゃん.¥

65B: ¥ hh hh .hh ¥　もっとなんか使い道あるでしょ. って感じ

66　 (.)

67A: nごめ¥ん¥ .hh

68B: ¥ hh hh hh [hh ¥((ゆっくり2回　手を叩く))

69A:　　　　　　　　　[¥ .hh ¥

70B: ¥.hh ¥　って思っちゃう

71　 (0.3)

72A: ˚うん˚

((17行省略:みんなもこのように考えるのではないかとAがBに確認している。
　Bはそこまで考えないと応答している))

→73B: でもなんかその不思議なか－なんっけ気持ち悪くなる感覚はわかる

74A: > うん　うん　う [ん <

75B:　　　　　　　　　[うん

76　 (1.8)

77A: ほんと (0.4)多分 (0.2)ちょっと　おかしいんだと思う

78　 (0.3)

79A: ¥ hh hh hh ¥　あたしは

→80B: ま: なんかね外れてるよ [ね .]

81A:　　　　　　　　　　　[う]ん　ほんとにそう思うね

82　 (0.4)

→83B: う:んでもいいじゃん. (0.5)なんか (0.2)なんかそういう考える脳がほしい

84　 (0.3)

85A: どうぞ

86　 (0.7)

87B: は?　¥ hh hh .hh ¥

88A: どうしたら　なん－うまれ－ん?　遺伝?　わかんない

89　 (0.2)

90B: お母さんもそうやっていっぱい考える人なの.

この事例で注目したいのは、Bの提案 (42、44、47、49、51、53、57、

60-61、63、65、70 行目）を否定するために A が自己卑下（64、77、79 行目）を行っていることである。また褒めと自己卑下の関係性にも着目する。

① 経験を語る（A）

A は梃子の原理（9、12、14、16 行目）について、意味がわからず（18、21 行目）、以下のことに直面したと説明している。

> 自分が歩いていることが気持ち悪くなってしまった（34、36 行目）
> 生きていることがわからなくなってしまった（38-39、41 行目）

A は「意味がわからな過ぎちゃって:」（21 行目）や「で気持ちわる過ぎちゃって: なんか:」（36 行目）と「てしまう」や「過ぎる」の表現を繰り返し用いて当時の状況を伝えている。A にとって、あるレベルを超えており（「過ぎる」）、自分ではコントロールできない想定外の状況（「てしまう」）であることがわかる。梃子の原理が及ぼした気持ちの変化などを語っている。

② A の経験に対するポジティブな評価（B）

A の過去の出来事を聞いて B は、もっとすごいところに行ったほうがいいと提案している（42、44 行目）。この B の発話は、小学生の頃からそのようなことを考える A への褒めでもあり、同時に A により適した大学に編入するべきだという提案でもある。したがって、B は A の過去の出来事から、A の能力に着目している。しかし、A は B の提案を理解できず、48 行目で「え？」と聞き返すことで B に説明を求めている。B は今の大学で課題に追われている場合ではない、A の能力が発揮されておらず、もったいないと説明する（51、53、57 行目）。しかしそれでも A は B の提案に気づかず、再度、B に説明を求めている（59 行目）。

③ 自己卑下（A）

B は「もったいない」という部分を強調し、全然 A の能力が発揮できていないと説明する（60-61 行目）。この説明に対して A は笑い（62 行目）、「¥カス - カスじゃん.¥」（64 行目）と自らのことを「カス」と評価することで自己卑下を行う。つまり、B の説明を単なる説明ではなく、褒めとして聞いた

ことがこの A の反応から窺える。A は「カス」という表現を用いて、自分はつまらない人間であるとラベル付けしている。したがって、自己卑下を行うことで自慢を回避しようとしている (Pomerantz 1978)。もっとすごいところに行ったほうがいいという A の提案・褒め (42、44、47、49、51、53、57、60–61 行目) に対して否定を行うための自己卑下である (64 行目)。

④　肯定的な反応／否定的な反応なし (B)

A の自己卑下 (64 行目) 後に B は笑い、A にもっとその能力を使える方法があるはずであると提案を続けており (65 行目)、A の自己卑下に対して肯定も否定もしていない。肯定も否定も示していない理由については、事例 (5) と同様、A の自己卑下に対する反応が容易ではないという要因が挙げられる。まず B は笑いで反応をしている (65 行目)。事例 (5) でも、A の自己卑下に対して B は笑い声で A の発話を繰り返していた。したがって、自己卑下に対してすぐに反応を示すことが容易ではない場合、笑うこと (事例 6) や笑い声で自己卑下話者の発話を繰り返すこと (事例 5) で反応を先延ばしにしているのである。A の自己卑下に対して反応を示す際に、B には以下のようなジレンマが生じている可能性が高い。

1. 自己卑下に肯定的な反応を示す
　→ A はつまらない人間であると認める。
2. 自己卑下に否定的な反応を示す
　→ A への提案が不適切であったと認める。

この B の提案に対して A は「ごめ¥ん¥」(67 行目) と謝罪する。この謝罪は、B の提案・褒め (65 行目) に十分応えられない、自分に非があるという表明である。ここで A は「そうかもね」と B の提案を受け入れたり「そうかな」と B の提案を否定したりすることもできたはずである。しかし、謝罪を用いることで B の提案を否定したり、取り下げたりすることを避け、自分の無能さを伝えている。

提案が褒めでもあることから、A は B の提案に対して反応を示す際に以下のジレンマに直面しているのではないか。

3. B の提案を受け入れる
→ **自慢になる。**
4. B の提案を受け入れない
→ **B の提案を否定することになる。**

　A は 3 と 4 の両方に対処しなければならない。3 については、B の提案を受け入れてしまうと自慢に繋がることになる。一方の 4 は、B の提案を拒否すると B の提案は正しくないと伝えることになる。褒めに対する応答について張（2014）は、褒められた側は、評価対象の焦点を全く別の対象に変えるのではなく、自分に対するポジティブな評価に繋がりにくい「表層的・物理的な部分」や聞き手の能力や地位とは繋がりにくいことに焦点をずらして応答すると述べている。この事例においては、焦点をずらすというよりも提案・褒めに応えられず B に申し訳なく思うという謝罪である。

　しばらくして B は「でもなんかその不思議なか - なんっけ気持ち悪くなる感覚はわかる」と A が気持ち悪くなるという感覚はわかると理解を示している（73 行目）。この「でも」はこれまでの連鎖をなかったことにするものではなく、前の連鎖に戻る際の「でも」（Nishizaka 2016）である。つまり、B の提案が行われる前、A が過去の出来事を語りながら自分をおかしな人間として描写していたこと（9、12、14、16、18、21、23、25、27、29、31、34、36、38-39、41 行目）に対する理解を示している。この B の反応は自己卑下の前のやりとりである。A の過去の出来事に焦点を当てている。

　⑤　自己卑下（A）
　B の反応に対して A は「＞うんうんうん＜」（74 行目）と同意を示している。その後、1.8 秒の長い沈黙が生じ（76 行目）、再度「ほんと (0.4) 多分 (0.2) ちょっとおかしいんだと思う」（77 行目）「あたしは」（79 行目）と自己卑下を行っている。また、笑いも生じている（79 行目）。この自己卑下は B の提案に対する否定というよりも、直前の B の発話の焦点である A の過去の出来事（1 回目の自己卑下が現れる前のやりとり）を総括することで自身をおかしい人間として十分認識していると伝えている（2 回目の自己卑下）。この 2 回目の自己卑下（77、79 行目）は事例（5）の 2 回目の自己卑下と共通点が 2

点ある。

1つ目は「自己卑下の出現位置」である。自己卑下を行う前後に沈黙が生じており（76、78行目）、これ以上、過去の出来事を膨らませることが容易ではないことに直面していることがわかる。そこでAは更に自分を下げることでなんとか会話を継続しようとする。

2つ目は自己卑下の仕方である。1回目の自己卑下（64行目）では「カス」という表現を用いて、自分はつまらない人間であると表明していた。2回目の自己卑下（77、79行目）においては「おかしいんだと思う」（77行目）「あたしは」（79行目）と他者と比較して自らの人格（自分は変わっている、おかしい人間であること）を十分認識していると表明している。

⑥　共感的な反応（B）

Aの自己卑下（77、79行目）に対してBは「なんかね外れてるよね.」（80行目）と自己卑下を認める。BはAの自己卑下が何度も繰り返されることを回避しなければならないが、同時にAの自己卑下を否定する必要がある。なぜならAの自己卑下を認めてしまうとAの人間性を否定することになるからである。Aの自己卑下を認めずに自己卑下発話を終了させなければならないという難しさの中、自己卑下に対する反応を示すことがBに期待されている。しかしこれ以上、Aの自己卑下が続くとBの反応の負担が更に大きくなる。そこでBは、自己卑下の終了を優先し、Aの自己卑下を認めようとしている（80行目）。

BがAの自己卑下（77、79行目）に対して「なんかね外れてるよね.」（80行目）と反応を示したことに対して、Aは「ほんとにそう思うね」（81行目）とBと同じ考えであることを表明している。また事例（5）と同様、この事例においても常に笑いが生じている。冗談におけるやりとりである。しかし、いくら冗談の中でも相手の自己卑下に慎重に反応を示す必要がある。同意すると相手がおかしな人間であることを認めることに繋がり、人間関係を構築する中で誤解を与える。そこでBはAの自己卑下を認めながらも「う：んでもいいじゃん.(0.5) なんか (0.2) なんか そういう考える脳がほしい」（83行目）とAの自己卑下に対してポジティブな評価（「いいじゃん.」）を行い、自分にはないものを持っているAが羨ましいという振る舞い（「そういう考え

る脳がほしい」）をしている（共感的な反応）。このような振る舞いが観察されるということは、常に相手に対してどのような評価を示すべきか、また自分がどのように評価されるかということに敏感であるからではないか。

　A の過去の出来事についての捉え方を以下の図 6-6 に整理する。

　A は過去の出来事を踏まえ、他者と比べても自分（「あたしは」79 行目）はおかしい人間であると自らの人格をネガティブに評価している（自己卑下）。一方 B は、過去の出来事から、A の能力に焦点を当ててポジティブに評価している。人が考えないようなことまで考えられる A を特別な／例外的な存在として位置づけ、外れているが優れていると捉えることで A を尊重している（共感的な反応）。また、B の共感的な反応によって、自己卑下が収束していく。

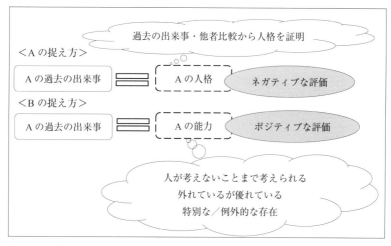

図 6-6　A の過去の出来事についての捉え方（事例 6）

6.　まとめ

　本研究のデータにおいて、聞き手の共感的な反応が語り手の自己卑下の継続を回避するような役割を果たしていることが示唆された。自己卑下発話に対する共感的な反応について、以下のような特徴がみられた（図 6-7）。

きっかけ ➡	自己卑下 ➡	聞き手の反応
語り手の経験が語られた後の聞き手の反応 **提案・褒め** （ポジティブな評価） **指摘** （ネガティブな評価）	聞き手の評価に反応を示すため 提案・褒めの拒否 指摘の受け入れ	**1回目自己卑下** 肯定的な反応× 否定的な反応× **2回目自己卑下** 共感的な反応 特別な／例外的な存在として 語り手を尊重 ＋ 自己卑下の継続を回避

図 6-7　本研究のデータにおける自己卑下発話連鎖の特徴

　自己卑下のきっかけとなる発話は、語り手の経験語りに対する聞き手の評価である。語り手が経験を語り、その語りをどのように受け止めたかを示す位置で、聞き手によるポジティブな評価・ネガティブな評価がみられた。ポジティブな評価の場合は、語り手への提案・褒めであり、ネガティブな評価の場合は語り手への指摘であった。

　聞き手の評価を受けて、語り手が自己卑下を行うという流れがみられる。具体的には、提案・褒めを否定したり、指摘を受け入れたりするために自己卑下が達成されていることがわかった。自己卑下の目的は明確であるが、聞き手に対して期待する反応は不明確である。なぜなら、自己卑下を行うきっかけとなっている発話が聞き手による評価であるからである。

　1回目の自己卑下後、聞き手は否定的な反応も肯定的な反応も示していない。笑い声で自己卑下話者の発話を繰り返したり（事例5）、ただ笑ったり（事例6）することで反応を先延ばしにしていた。しかし2回目の自己卑下では、聞き手は語り手を特別な／例外的な存在として位置づけることでポジティブな評価を行い、語り手を尊重するような振る舞いをしていた（共感的な反応）。自己卑下に対して共感的な反応を示すということは、語り手の自己卑下を認めることに繋がる。そのため、反応の仕方によっては語り手を否定したり、傷つけたりするなど、人間関係に支障をきたすこともある。そのことが、1回目の卑下に対して肯定も否定もできない聞き手の反応からも観察可能である。しかしながら、自己卑下が何度も繰り返されることは、聞き

手にとって更に反応に困る状況である。どのような反応が期待されているか
の判断が困難だからである。本研究のデータの聞き手は、語り手を特別な存
在としてポジティブに評価していた。このような方法は、語り手を傷つける
リスクは低い。同時に語り手を特別な存在であると認めることにより、それ
まで語り手が気づいていなかったポジティブな部分を引き出すという効果が
ある。単に相手の良いところを褒めるということとは異なり、聞き手にとっ
て語り手が特別な存在であることを示す機会にもなっている。自己卑下とい
う複雑な会話構造の中で、聞き手の共感的な反応が、語り手を認め、ポジ
ティブな部分を引き出す役割を果たしていることが示唆された。同時に共感
的な反応がきっかけとなり、自己卑下の語りが収束していくことが観察され
た。

　最後に今後の課題を述べる。自己卑下は前の文脈を受けた行為（全 2016,
永野 2017）である。本研究のデータにおいては聞き手の評価発話がきっかけ
となっていた。また聞き手の評価は語り手の経験語りの反応として示された
ものである。このような場合、自己卑下を行うことで相手からの指摘を認め
たり（事例 5）、提案・褒めを拒否したり（事例 6）することを達成していた。
このように自己卑下は前の文脈に依存していることが窺える。今後は、前の
文脈の特徴を更に検討し、きっかけが語り手・聞き手の発話でその後の自己
卑下や、自己卑下に期待される反応にどのような影響が出てくるのかを分析
したい。

　また、自己卑下のやりとりにおいて、語り手による「感謝表明」（事例 5）
や「謝罪表明」（事例 6）がみられた。今後、自己卑下との結びつきについて
掘り下げていきたい。語り手が自らを評価する際に聞き手にどのようにみら
れるか、また聞き手からの反応にどのように応えるかも自己卑下の継続に関
係している可能性がある。

第 7 章

「それな」による共感
―相手の経験を認めるための方法―

1. はじめに

　ここでは、共感的な反応を示す際の「それな」という表現を取り上げる。近年、若者の会話で「それな」を耳にするようになった。一見、どのような事柄に対しても相槌を打つときのような感覚で使用しているように聞こえるが、会話に耳を傾けると使い分けがあるように聞こえる。

　そこで本研究は「それな」という表現による反応の特徴を明らかにする。まず、「それな」の直前の発話を細かく観察する。次に「それな」という表現を用いて反応することで、会話相手にどのようなことを働きかけているのかを分析する。

　2 節では、「それな」についての先行研究を概観する。3 節において、対象となるデータを示す。4 節は「それな」の直前の発話を捉える。5 節では、相手の経験を認める方法を述べ、6 節でまとめを行う。

2. 先行研究

　まず、これまでの研究において「それな」がどのような意味で捉えられているのかを確認する。次に、やりとりの中でみられる「それな」に着目している研究を概観する。

　「それな」は『三省堂国語辞典』第八版 (2022) では、以下のような記述である。

　　相手の指摘に同感することをあらわすことば。そうだよね
　　『あれけっこういいね』『―』

　　　　　　　　　　　　　　　『三省堂国語辞典』第八版 (2022: 860)

　辞書の記述によると、「それな」は相手の指摘に同感したことを表すことばである。例文の「あれけっこういいね」という発話は、①同意を求めている、または②指摘しているという2つの可能性が考えられる。しかし、①同意を求めることと②指摘をするという行為は、同じ行為ではない。同意を求める場合、話し手と同じ考えであることが聞き手に期待される。一方の指摘について『三省堂国語辞典』第八版（2022: 638）によれば、指摘とは「取り出して、問題点をはっきりしめすこと。『弱点を－する』」である。日常会話において、問題点を指摘する場合もあれば、相手が気づいていないことを知らせるような場合もある。したがって、聞き手が気づいていない事柄を知らせるという意味も含む。そのため、指摘した時点で同じ考えであることが期待されるわけではない。上記の点を踏まえ、以下の整理が必要である。

1. 「それな」の直前にくる発話を細かく分析する。
2. 期待される反応を分析する。

　まずは、「それな」の直前の発話の特徴をみる。どのような発話がきているのかを細かく分析する（1）。次にどのような反応が期待されているのかをみていく（2）。「それな」の直前の発話を分析することによって、どのような反応が期待されているかを観察することができる。

　『日本経済新聞』（2019年10月15日）では、以下の例文を示しながら「それな」について説明している。学校での会話に含まれる「それな」は同意を示す。

「あしたの授業、まじ行きたくない」
「それな（そうだよね）」

　『三省堂国語辞典』第八版（2022）と同様、『日本経済新聞』（2019年10月15日）においても「それな」は「そうだよね」の意味で捉えられている。しかし、上記の例文の「あしたの授業、まじ行きたくない」は『三省堂国語辞典』第八版（2022）が示していた「指摘」とはニュアンスが異なる。すなわち、相手が気づいていないことを知らせるような発話ではない。以上の点か

らも、前述した1と2の分析が必要となる。

　次にやりとりにみられる「それな」に焦点を当てている研究を概観する。宍戸（2014）は、大阪（211名）と東京（138名）に通う大学生を対象に「それな」の認識について、2014年にアンケート調査を行っている。具体的には、日常会話やメール・LINEにおいてどのようなことばで相手に同意するかを調査している。調査の結果、「それな」の使用頻度は、関東の使用が関西を上回ると指摘している。関東では「それな」単体での使用が多い。一方、関西では「ほんま」という強調語が伴うかたちでの使用が多い。また、宍戸（2014）は、次の事例（1）〜（3）を挙げて、「それな」の前にくる発話の内容を以下の3つに分類している。

（1）　否定的な内容
　　　A「今日出た課題、明日提出ってだるすぎ」
　　　B「それな！」

（2）　肯定的な内容
　　　A「ディズニーランド行きたーい！」
　　　B「それな！」

（3）　どちらでもない内容
　　　A「今すれ違った人、明らかにヅラだったね。」
　　　B「それな！」

宍戸（2014: 8）

　3つに内容を分類して調査した結果について、宍戸（2014）は以下のように説明している。使用頻度に（1）の使用が関東・関西とも多い。関東の場合、（2）・（3）ではあまり違いがみられず、関西の場合は（1）→（2）→（3）という使用頻度である。以上の結果から、関東では関西ほど話の内容によって使用状況が左右されることがなく、肯定的・否定的な内容であれ、相手の発言に対して自分の強い同意の気持ちを表す手段として広く「それな」が使用されている可能性があるという。

　堀尾（2022）は、テレビドラマ「家族の LINE がしんどい w」（SNS の
LINE）を分析している。

　　　父：今日、何か買ってくるものある？
　　　姉：アイス！
　　　母：アイス
　　　息子：それな

　堀尾（2022）は「そうなんですね」と相手の意見などを尊重するというよ
りは、使用者がより主体的に「そうだ」と思うときに使用していると述べて
いる。
　先行研究では「それな」の特徴として、同感（『三省堂国語辞典』第八版
2022）、強い同意（宍戸 2014）・同意（『日本経済新聞』2019 年 10 月 15 日）な
どが挙げられていた。堀尾（2022）は、主体的に使用者が「そうだ」と思う際
の「それな」の使用について報告している。したがって、相手の指摘や同意
求めに対する反応というよりは、相槌にちかい反応といえるのではないか。
　これまでの研究を以下の表 7-1 にまとめる。

表 7-1　「それな」の意味（先行研究の整理）

	話し手	聞き手
宍戸（2014）	ポ・ネ・どちらでもない 内容	それな **自分の強い同意の気持ちを 表す**
日本経済新聞 （2019.10.15）	「あしたの授業、まじ行きた くない」 （学校などでの会話）	それな →そうだよね **同意を示す**
堀尾（2022）	それな **主体的に使用者が「そうだ」と思う**	
『三省堂国語辞典』 第八版（2022）	「あれけっこういいね」 指摘する	それな →そうだよね **同感する**

　まず「話し手」の発話を取り上げる (表 7-1)。直前の内容がポジティブ・ネガティブ・どちらでもない場合 (宍戸 2014) や指摘 (『三省堂国語辞典』第八版 2022) などがある。『三省堂国語辞典』第八版 (2022) は指摘するという行為を挙げているが、何のための指摘かによって聞き手に期待する反応は大きく異なる。例えば、聞き手が気づいていないことを知らせる場合や問題点などを取り上げる場合などがある。

　次に「聞き手」の発話に着目する。宍戸 (2014) は、「それな」を自分の強い同意の気持ちとしている。強い同意の気持ちを示す際に「そうだよね」との言い換えは可能なのか。『日本経済新聞』(2019 年 10 月 15 日) と『三省堂国語辞典』第八版 (2022) は「そうだよね」の意味で「それな」を捉えている。「それな」を使用する場合、使用者は「そうだよね」と使い分けを行っているのだろうか。

　先行研究を踏まえて本研究の位置づけ (図 7-1) を述べる。

図 7-1　本研究の位置づけ

　図 7-1 の「どのような？」・「どのように？」を本研究で明らかにする。

　まず「それな」の直前の発話に着目する。先行研究では、直前の発話についてポジティブ・ネガティブ・どちらでもない内容 (宍戸 2014) や指摘 (『三省堂国語辞典』第八版 2022) であることが報告されている。しかし、ポジティブ・ネガティブな内容は、誰のどのような経験・事柄かで聞き手の反応は異なる。ネガティブな内容といっても、話し手の失敗談や話し手だけでな

く聞き手にもかかわる辛い出来事や大変な出来事などの場合もある。また、指摘には相手の非難に繋がるようなこともあれば、相手が気づいていないことを知らせるようなこともある。以上のことを踏まえると「それな」の直前の発話を細かく観察し、どのような反応が期待されているかを分析する必要がある。次に「それな」がどのようなタイミングで出現するのかに焦点を当てる。「そうだよね」と同様の意味（『日本経済新聞』2019年10月15日、『三省堂国語辞典』第八版2022）であることが指摘されてきた。しかし、「それな」の使用話者は「そうだよね」と「それな」を使い分けているのだろうか。その点も確認する。最後に「それな」の直後の発話にも注目する。「それな」の出現後のやりとりを分析することにより、「それな」を用いることでどのような働きかけをしているのかを追究する。

3.　分析対象となるデータ

　本研究は、日本の同じ大学に通う学部1年生の二者間の会話を分析対象とする。主に2つの調査から収集した会話データを分析する（表7-2）。

表7-2　会話データ

	関係	収録時期	ペア
1	知人	2020年8月	22
2	知人	2021年6月～7月	22

　大学1年生の二者間の約15分の自由会話を分析対象とする。新型コロナウイルス感染を避けるため、Zoomで会話調査を実施した。調査者は、15分後にZoom画面に戻ることを伝え、その場を退室した。退室したことが会話参加者たちにも視覚的にわかるようにした。44ペアの会話を収録（録音・録画）した。

4.　「それな」の直前発話

　会話データを分析した結果と考察を述べる。まず「それな」の直前の発話の特徴に焦点を当てる。

　会話データを分析した結果、「それな」の出現は2020年のデータでは18回、2021年のデータにおいては15回みられた。直前の発話には以下のよう

な発話が観察された (表 7-3)。

表 7-3　「それな」の直前発話

「それな」の直前	2020 年	2021 年	合計
評価	6	5	11
心境	5	1	6
経験	3	2	5
確認	3	2	5
事実	0	2	2
その他	1	3	4
合計	18	15	33

　「それな」の直前の発話について、評価を述べている発話が 11 例、観察された。評価は、アーティストについて「かわいい」などと述べている発話である。心境 (6 例) は、新型コロナウイルス感染防止のため、アイドルのコンサートの中止が続いていることから、アイドルに「早く会いたい」などと述べている発話である。経験 (5 例) は、アルバイト先での出来事などを語っている場合である。確認 (5 例) は、新型コロナウイルスが収束しない場合、このまま大学に行かないで大学生活が終わる可能性について確かめている発話である。事実 (2 例) については、スマートフォンゲームのルールなどを説明している。その他 (4 例) は、選択肢の提示や飲食店の名前が正しくないことを伝えている発話などである。

　本研究では、会話相手の経験に対して「それな」と反応を示している場面に着目する。知識は教えればわかるが、経験は経験していない者にはわからない (串田 2001)。また、経験は経験した当事者に固有なものである (Sacks 1970)。そのため、会話相手の経験を固有の経験として認めるような反応が聞き手には期待される。黒嶋 (2013) は、2011 年の東日本大震災によって避難生活を余儀なくされた人と足湯ボランティアの人との会話に焦点を当てている。ボランティアの人は、避難生活を余儀なくされた人の語りの内容について固有性を認め、自分たちは、そのような経験を持たない「非当事者」であることを認めている。「非当事者」という立場に自分を置き、避難生活を送る人たちの経験の固有性を認め、相手の領域に立ち入らないということをしていると指摘している。

　以上のことを踏まえると、会話相手の経験に対して慎重に反応を示すことが求められる。会話相手の経験に対して「そうだよね」と反応することは、相手の固有の経験を認める際に十分な反応といえるのだろうか。

　第4〜6章で取り上げてきた事例からもわかる通り、経験といってもポジティブな経験・ネガティブな経験など様々である。第5節では「それな」の直前に経験（表7-3）の語りがきているやりとりを取り上げる。具体的には、ネガティブな経験の1つである愚痴に焦点を当てる。社会的な規範から、愚痴は相手に不快感を与える可能性があるため、積極的に語ることが望ましい語りとはいえない。しかし、それでも私たちは、日常生活の中で語ってしまう。その要因には、愚痴の語りと関係構築が密接に結びついていることが挙げられる。愚痴のやりとりにおいて、不快と感じることもあるが、語り手に対して聞き手が「親密さ」を感じると岡田（2004）は指摘している。伊丹・大蔵（2014）は、語り手も聞き手も愚痴に対して否定的な感情を抱きながらも「大切」「必要」と感じていると述べている。本研究では愚痴のやりとりにおいて「それな」と反応を示している会話に着目する。

5.　相手の経験を認めるための方法

　以下の事例（1）は、AとBがアルバイト（飲食系）の話をしている場面である。AとBは同じアルバイト先である。アルバイト先のメンバーについて、確認している。

（1）　アルバイトのメンバー　　A女×B女　（寮が同じでアルバイト仲間）

```
 1 B: あ:また: ○○さんと(.)□ □ □ くんだわ
 2    (.)
 3 B: おな[じみメンバー
 4 A:    [また?
 5 B: ha ha [.hh
 6 A:       [や: □ □ □ くん >でとか< もう[知らんよ
 7 B:                                   [ん
 8 B: あ そっか 見たことないんか.
 9    (0.4)
10 A: <会ったかな:>
```

```
11    (0.9)
12B: すごい すごい かぶる この‐このか [たたち
13A:                             [ね なんかさ:
14    人の名前も覚えなきゃいけないし:
15B: う:[ん
16A:    [やることも覚えなきゃいけないし:
17B: ↑そうなんだよ [:
18A:             [で 最近やばい(.)¥h[h¥
19B:                          [ ↑hh
20A: [頭がおいつかん
21B: [¥hh¥
→22B: そ↑れ↑な
23    やほんとに(.)えランチもなんかやばいしな あたし
24    (0.2)
25B: わかってないし まだ =
26A: = ↑ランチは でも: <結構:>
27B: うん
28A: やるようになったけど: [でも△△△さんがいると:
29B:                   [あ:そっか
30A: 緊張 [して:
31B:   [うん
32    (.)
33A: ミスる
```

　次回、同じ時間帯にアルバイトが入っているメンバーの名前をBがAに伝える(1行目)と、Aはそのうちの1人は知らない(6行目)という反応を示している。その後、Aはアルバイト先で覚えなければならないことをリストアップすることで、愚痴を開始している。具体的には人の名前(13–14行目)、業務内容(16行目)を覚えることである。アルバイト先で覚えることについて、Bは「↑そうなんだよ:」と同意を示している(17行目)。Aは「で最近やばい」(18行目)と最近、大変な状況で頭がおいつかない(20行目)と愚痴を語る。Bは「そ↑れ↑な」とAの大変な状況を認めるような反

応を示す(22行目)。ここで、Bが反応を示した際の表現形式に着目する。アルバイト先で覚えなければならないことのリストアップに対するBの同意は「↑そうなんだよ:」という表現形式であった(17行目)。しかし、Aが最近の大変な状況を語った際(18、20行目)には「そ↑れ↑な」という表現を用いている。「頭がおいつかん」(20行目)というAの愚痴に「↑そうなんだよ:」と反応を示した場合、Bにも容易に理解できる経験として受け止めた反応になる。したがって、業務内容を遂行するために必要なことのリストアップと、大変な状況に置かれているAの固有の経験では、期待される反応も異なることがわかる。Bは期待される反応に合わせて、Aの経験に理解を示す際に「そ↑れ↑な」を使用しているのではないか。

BはAが使用していた「やばい」という表現を用いて「ランチもなんかやばいしな あたし」(23行目)、「わかってないし まだ」(25行目)と自分のアルバイト先での経験も含めて説明する。つまり、Aの状況が理解できる理由を具体的に説明している。ランチでの業務も遂行できていない「あたし」と敢えてBの経験も持ち出すことで、Aの経験を承認できる証拠を示している。

次の事例(2)においても、相手の経験を認める際に「それな」が観察された。また「それな」によって反応を示した者が、具体的な説明を行う点も事例(1)と共通している。

事例(2)の直前で、最近、暑くなってきたため夏服の購入を考えているが、良い店がわからず、色々な店に行っているとCが述べている。

(2) 服の購入　C女×D女　(クラスメイト)
1　C：結局¥なんか¥自分の気に入ったものがなくてなんか:,
2　C：そう
3　　(1.1)
4　D：や　わかる
5　　(0.3)
6　D：結局ね？
7　　(.)
8　D：[買わないで帰るんだよね.
9　C：[うん

10C：＜そう＞＝
11D：＝¥見るだけ見て¥ .hh
12　　（.）
13C：でな [んか： 自分 [いっつも服買うときにさ：,
14D：　　　 [↑え：　　 [うん
15C：試着絶対すんのね,
16　　（0.7）
17D：うんうんわかるわかる
18C：もう試着： しないと買わないから： なんか その： .hh
19　　ネット↑ショッピングならいっぱいあるんだけどさ： でも
20　　試着で [きないからさ： サイズ感でミスったら
21D：　　　　 [あ：：：
22C：ちょっとやだ¥な hhって思っ [て¥
23D：　　　　　　　　　　　　　　 [や：
24D：＜わかります＞（0.2）＜めっちゃわかります＞
25C：なんかね(h)： ＞hh hh hh h[h＜
26D：　　　　　　　　　　　　　 [う：ん
27D：私も GU とか行ったときめっちゃ試着するもん
28　　¥hh [hh ゜.hh゜¥
→29C：　　 [それ↓な
30D：ね.
31C：何着まで： なら試着室オッケーですみたいなのあるじゃん.
32D：あ： あるね.
33　　（.）
34D：最近ね.
35　　（0.2）
36C：だ もう 多すぎてさ： もう全部まとめて
37　　試着したいぐらいなんだけ ¥ど ＞hh hh＜ ¥
38D：う：ん

　Cは、1行目で自分の気に入ったものがない、つまり自分が良いと思う夏服が購入できないと愚痴を開始している。このCの状況に対してDは「わ

172

かる」(4 行目) と理解を示し、結局買わないで帰ると自分の経験も語っている (6、8 行目)。平本 (2011) は、「わかる」について、以下のように指摘している。「わかる」という理解の主張後に、聞き手側の語りを接続することは、単に理解を主張するだけではなく、理解の立証の試みになっている。D の発話も同様である。「わかる」(4 行目) という反応後に C の愚痴が理解できる証拠の提示を自らの経験から示している (6、8 行目)。C は「＜そう＞」と同意する (10 行目)。その後、C は服を購入する際は必ず試着をすると説明し (13、15 行目)、D は「うんうんわかるわかる」と C に理解を示している (17 行目)。その後、C は、ネットショッピングは試着ができないため、サイズでミスをしたら嫌だと服を買うときのこだわりを具体的に説明する (18–20、22 行目)。この C のこだわりは、愚痴 (自分が良いと思う夏服が購入できない) を語ることの正当な理由として組み立てられていることが観察可能である。C のこだわりに対して D は「＜わかります＞(0.2)＜めっちゃわかります＞」(24 行目) と 17 行目の「わかる」のときよりもゆっくりとまた「めっちゃ」と程度も高めて理解を主張している。D は「GU」と具体的な店名も挙げて自分も試着をすると似た経験を語ることで、C の愚痴に共感的な反応を示している (27 行目)。購入の際にサイズ感でミスをすることを避けるために試着を必ず行うという C のこだわりに対して D は、1 店舗での試着回数 (めっちゃ) に焦点を当てていることが「めっちゃ試着するもん」(27 行目) という音の強さからも窺える。この D の共感的な反応に対して、C は「それ↓な」と反応する (29 行目)。この C の反応は、D の経験に理解を示すと同時に D の共感的な反応を認めるような働きがあるのではないか。C の愚痴に対して D が示した共感的な反応に承認を与えている。

　ここで C の言語形式に着目する。理解の立証を試みた (4、6、8 行目)D に対して C は「＜そう＞」(10 行目) と同意を示している。しかし、D が似た経験を語り、共感的な反応を示した際には「それ↓な」と反応を示している (29 行目)。事例 (1) と同様、会話相手の経験を認めるような場合に「それな」の使用がみられる。GU に行ったときにめっちゃ試着をするという D の経験 (27 行目) に対して「そう」と反応を示した場合、まさに私が言いたかったこと、私にもそのような経験があるというふうにも聞こえ、ありふれた経験としての受け止めになる可能性も高い。したがって「それな」は、「相手の経験＋共感的な反応」を承認するような働きがあることが示唆され

た。Cは承認できる理由をDが提示した試着の回数に関連させて説明する。すなわち1回で試着可能な数（試着数の制限）の観点から具体的に説明しているのである（31、36–37行目）。この説明は、なぜDの経験・共感的な反応を認めることができるかについての証拠の提示にもなっている。

6. まとめ

「それな」の直前の発話、「それな」による反応、また「それな」の直後の発話について、特徴がみられた。以下の図7-2にまとめる。

直前の発話　➡	それな	➡　直後の発話
評価 心境 経験 確認 事実 その他	・相手の経験を認めるため ・使い分け 「そうなんだよ」「そう」と「それな」 事例1　B「↑そうなんだよ:」(17行目) 　→B「そ↑れ↑な」(22行目) 事例2　C「＜そう＞」（10行目) 　→C「それ↓な」（29行目)	「それな」による 反応後 ・理由説明 具体的に自分の経験を語る

図7-2 「それな」の特徴（本研究のデータ）

まず、直前の発話についてまとめる。先行研究では、ポジティブ・ネガティブ・どちらでもない内容（宍戸2014）や指摘（『三省堂国語辞典』第八版2022）に対する「それな」の特徴が示されてきた。会話において、相手の非難に繋がるような指摘もあれば、相手が気づいていないことを知らせるような指摘もある。そのため、本研究では「それな」の直前の発話を細かく観察した。その結果、評価（11例）・心境（6例）・経験（5例）・確認（5例）・事実（2例）・その他（4例）の発話がみられた。そこで、本研究は経験に着目し、その中でもネガティブな経験である愚痴のやりとりを取り上げた。

本研究で取り上げた2つの事例について、これまでの研究とは異なる2点が観察された。1つ目は「それな」という表現によって反応を示している際の行為についてである。事例（1）では、相手の経験を認める際に「それな」がみられた。事例（2）では「相手の経験＋共感的な反応」を認める際に「それな」が観察された。相手の指摘に同感すること（『三省堂国語辞典』第八版2022）と相手の経験を認めることでは、相手に働きかけている行為が異

なる。2つ目は言語形式である。事例（1）と事例（2）において「それな」の使い分けが示唆された。事例（1）では、Aがアルバイト先で覚えなければならないことをリストアップした際にBは「↑そうなんだよ：」（17行目）と同意していた。しかし、Aが最近の大変な状況を語った際には「そ↑れ↑な」（22行目）とAの経験を認めている。Aの最近の大変な状況に対してBが「↑そうなんだよ：」と反応を示した場合、Aの経験はBにも容易に理解できることとして受け止めた反応になる。相手の経験の固有性を認める際に「それな」が用いられていることが示唆された。事例（2）では、CがDの理解の立証に対して「＜そう＞」（10行目）と同意していた。その後、DがCと似た経験を語ることでCに共感的な反応を示した際には、Cは「それ↓な」（29行目）と言ってDの共感的な反応と経験を承認している。以上のように、事例（1）のBも事例（2）のCも、どのようなときにも「それな」という表現で反応を示しているわけではない。

　最後に「それな」の直後発話の特徴を述べる。「それな」によって相手の経験を認めた後に、なぜ相手の経験を認めることができるのかについての理由説明が「それな」の使用者によって行われている。具体的に自らの経験を語ることで、単に反応を示したのではなく、相手の経験を認めることができる証拠の提示になっている。「それな」によって相手の経験を認め、その後、なぜ相手の経験が承認できるのかという説明を行う際に、自らの経験を持ち出していた。このような方法で、以下のように相手の経験も認めつつ、自らの経験についても独立性を維持しているのではないか。

　　　　　相手の経験　→　それな　→　自分の経験

　最後に今後の課題について述べる。今回は愚痴のやりとりでみられる「それな」に焦点を当てた。「そうなんだよ」、「そう」と「それな」の使い分けが示唆されたが、「そうだよね」（『三省堂国語辞典』第八版2022、『日本経済新聞』2019年10月15日）との使い分けがみられるか、今後、掘り下げて分析を行いたい。

第 8 章

おわりに

　ここまで、自慢・愚痴・自己卑下に対する共感的な反応の特徴を述べてきた。また「それな」という表現にも着目した。本章では、これまでのまとめを行う。

　第 1 章では、本研究の目的と期待できる効果をについて述べた。また、自慢・愚痴・自己卑下の 3 つの語りについて説明した。更に、共感を捉えることで、語り手が聞き手に期待する反応と社会的規範の特徴を明らかにすることを目的としたものであることを述べた。期待できる効果は、円滑なコミュニケーションである。

　第 2 章では、まず、共感に関する先行研究を概観した。そこから、共感と同意の特徴について比較し、本研究における共感の定義を提示した。本研究では「相手の考えや気持ちを理解して、相手の期待に添おうとする態度」を「共感」と定義した。共感的な反応を示す際に、関連する要素として 1) 道徳的な判断　2) 相手と自分の経験　3) 相手と自分の立場があることを示した。また、自慢・愚痴・自己卑下の特徴についての先行研究を概観した。

　第 3 章では、分析の観点と研究方法を示した。分析の観点は「語り手の期待」と「聞き手の反応」であり、関連する概念を取り上げた。また、語り手の期待に聞き手が合わせながら応答を行おうとすること (Sacks 1987) との関係性を提示した。研究方法については、本研究の目的を達成するためには、会話分析の手法を用いる必要があることを述べた。

　第 4 章では、自慢に対する共感が対人関係構築に果たす役割について、大学 1 年生の初対面会話と知人会話のデータを示しながら、主に自慢の継続に貢献するための共感的な反応の特徴を分析した。自慢は、社会的な規範から積極的に語ることを控える性質があるが、それでも私たちは、良いこと

があった際に誰かとそのことを共有したいと考える。それは単に自分を誇る
だけでなく、一緒に喜んでほしい・認めてほしいという表れである。自ら
自慢を語る場合は、聞き手が自慢を抑えようとすることがある（Pomerantz
1978）。一方、第三者による自慢の開始は相互上のトラブルが起こりにくい
（Speer 2012）。そこで本研究は、3つに分けて分析した。まずは自慢を誰が
どのように切り出すかである。次に自慢がどのように開始されるかについて
である。最後にどのように自慢が継続されるのかをみた。以下が分析結果で
ある。

自慢の切り出し ➡	自慢の開始 ➡	自慢の継続
【仕方】 ・語り手が自らのことを提示 ① -1　これから語ることを既に 　　　話したかどうかの 　　　確認あり ① -2　これから語ることを既に 　　　話したかどうかの 　　　確認なし ・聞き手が語り手に関連すること を提示 ②　　これから語ることを既に 　　　話したかどうかの 　　　確認なし	【仕方】 ニュース性の高いこと として提示 （想定外のことが続く）	【仕方】 聞き手による 確認作業 （既知情報） ＝価値を高める ↓ 　共感的な反応

　自慢の切り出し方については、語り手自身から切り出す場合と聞き手から
切り出す場合がみられた。語り手が切り出す際には、これから話すことにつ
いて既に話したかどうかの確認を行う場合と行わない場合が観察された。一
方、聞き手から切り出す場合は、既に話したかどうかの確認はなかった。語
り手は、想定外のことが起きたなど、ニュース性が高いこととして自慢を語
り始めていた。
　聞き手は、語り手の自慢を単に語り手にとって良いこととして捉えるので
はなく、反応を示さずにはいられないほど価値が高い出来事であると反応を
示していた。語り手が経験した出来事の価値を十分に理解したうえで、聞き
手は語り手と同じ気持ちであるという寄り添い方である。自慢に共感的な反

応を示す際に、聞き手は既知情報について再度確認を行っていた。この確認作業が価値の高い出来事であることを認め、自慢の継続を促す方法となっている。

　第5章では、愚痴に対する共感が対人関係構築に果たす役割について、大学1年生の初対面会話と知人会話のデータを示しながら、主に愚痴の継続に貢献するための共感的な反応の特徴を分析した。愚痴を語る際に語り手は、聞き手から理解（野中2001）や共感（岡田2004）が得られることを期待している。一方の聞き手は、愚痴に対して不快と感じるだけでなく親密さを感じることもある（岡田2004）。そこで本研究は、主に2つに分けて分析した。まずは愚痴をどのように続けているかである。次にどのように愚痴が収束していくのかについてである。以下が分析結果である。

愚痴の継続　→	愚痴の終了
・聞き手の協力が必要	・語り手が自身の振る舞いに焦点を当てる
[タイミング] 語り手の発話に対して反応を示すことが期待されているとき	[タイミング] 聞き手の共感的な反応後
[仕方] 共感的な反応　聞き手が類似経験を語ることで共感的な反応を示す。語り手が用いていた観点の他の側面に焦点を当てる	[仕方] 語り手は観点を変更して自分に落ち度があったことを認める〈観点を変更〉事例4：ファン歴→趣味事例5：講師・生徒→レベル

　愚痴の継続については、聞き手が語り手と似た経験を示しながら語り手の経験に寄り添う方法が観察された。単に似た経験を語るのではなく、異なる切り口から語ることで、違う観点からみても「あなたの愚痴が理解できる」「あなたの愚痴は妥当である」という共感的な反応となっており、この方法によって語り手の愚痴の継続を促している。他の側面から語ることで語り手の愚痴を支持するという証明の仕方は、語り手を理解できる証拠としての独自性が高まることを示した。聞き手の共感的な反応後に語り手が、愚痴の観点を変え、自らの落ち度を認めるような発話を行うことで、愚痴が収束に向かっていた。

　第6章では、自己卑下に対する共感が対人関係構築に果たす役割について、大学1年生の初対面会話と知人会話のデータを示しながら、主に自己卑下の継続を回避するための共感的な反応の特徴を分析した。自己卑下話者は聞き手からの否定的な反応（Pomerantz 1984, 吉田他 2004, 吉富 2011）や同調的な反応（Kim 2014, 永野 2017）を期待する。しかし、卑下は語り手のマイナスの部分を開示することに繋がる。そのため、聞き手は語り手を否定しないように反応する必要があり、反応に困る。また、卑下が長引くと聞き手の反応の負担は更に大きくなる。そこで本研究は、3つに分けて分析した。まずはどのような発話がきっかけで自己卑下が生じるのかである。次に自己卑下を語ることで、何を達成しているのかについてである。最後に自己卑下に対して聞き手がどのような反応を示しているのかをみた。以下が分析結果である。

きっかけ ➡	自己卑下 ➡	聞き手の反応
語り手の経験が語られた後の聞き手の反応 **提案・褒め** （ポジティブな評価） **指摘** （ネガティブな評価）	聞き手の評価に反応を示すため 提案・褒めの拒否 指摘の受け入れ	**1回目自己卑下** 肯定的な反応× 否定的な反応× **2回目自己卑下** 共感的な反応 特別な／例外的な存在として語り手を尊重 ＋ 自己卑下の継続を回避

　自己卑下の直前の発話について、語り手の経験に対して聞き手が評価を行っていた。この聞き手の評価に反応を示すために、語り手は卑下していた。卑下に対して、聞き手が語り手を「特別な／例外的な存在」として扱うことで、語り手のポジティブな部分を引き出し、共感的な反応を示していた。また、語り手が特別な存在であることを示す機会になっている。同時に聞き手の共感的な反応がきっかけとなり、自己卑下の語りが収束していくことが観察された。自己卑下に対する聞き手の反応は、語り手を否定したり傷つけたりするリスクも高い。しかし、本研究のデータにおいては、共感的な

反応を通して語り手を尊重するような振る舞いがみられ、卑下の継続を回避
する方法となっている。

　第 7 章では、大学 1 年生の知人会話のデータを示しながら、共感的な反応
を示す際にみられる「それな」の特徴を分析した。これまでの研究では「そ
れな」は強い同意（宍戸 2014）や相手の指摘に同感を示すことば（『三省堂国
語辞典』第八版 2022）として捉えられてきた。そこで本研究は、3 つに分け
て分析した。まずは「それな」の直前には、どのような発話がきているのか
についてである。次に「それな」がどのようなときに使われ、他の表現との
使い分けがあるのかをみた。最後に「それな」の直後にはどのような発話が
きているのかである。以下が分析結果である。

直前の発話 ➡	それな	➡ 直後の発話
評価 心境 経験 確認 事実 その他	・相手の経験を認めるため ・使い分け 「そうなんだよ」「そう」と「それな」 事例 1　B「↑そうなんだよ:」（17 行目） → B「そ↑れ↑な」（22 行目） 事例 2　C「＜そう＞」（10 行目） → C「それ↓な」（29 行目）	「それな」による 反応後 ・理由説明 具体的に自分の経 験を語る

　「それな」の直前の発話について、評価、心境、経験、確認、事実、その
他が観察された。そこで、語り手にとってネガティブな経験である愚痴のや
りとりに着目した。本研究のデータにおける愚痴のやりとりでは、「それな」
という反応には、相手の経験を認めるような働きがある。また「そうなんだ
よ」と「それな」、「そう」と「それな」の使い分けがみられた。「それな」
によって相手の経験を認めた後、相手の経験を認めることができる理由説明
が「それな」の使用話者によって行われる。具体的に自身の経験を語ること
で、相手の経験を認めることができる証拠の提示となっていた。

　以上のように、本書では自慢・愚痴・自己卑下における共感的な反応につ
いて論じた。3 つの語りは、社会的な規範から積極的に語ることは決して望
ましいものではないが、それでも語ってしまう語りである。これらを語るた
めには、聞き手の協力が不可欠である。聞き手は、共感的な反応を示すこと

で、自慢や愚痴を促していた。その際に、様々な工夫がみられた。自慢の場合、聞き手は既に知っていることを再度確認することで、語り手が自慢を継続しやすい機会を作り出していた。愚痴の場合は、語り手とは異なる切り口から聞き手が類似経験を語ることで、違う観点からみても愚痴が理解できるという共感的な反応を示し、愚痴の継続を促していた。自己卑下の場合、聞き手は、語り手を尊重するような共感的な反応を示すことで、自己卑下の継続の回避に貢献していた。一方で、聞き手の十分な協力がなく、語りを継続できない場合もみられた。例えば、自慢においては、自慢に対して十分な反応がなく、沈黙が生じている場合があった。そこには、聞き手が自慢に対して反応を示す際に、以下のジレンマに直面しているといえる。

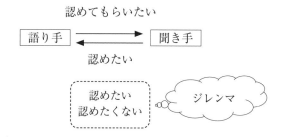

　私たちは自慢・愚痴・自己卑下を語る側にもなり、聞く側にもなる。会話相手がどのような語りとして語り、どのような反応を期待しているのかを判断していくことが必要である。

あとがき

　本書は、2017 年に名古屋大学に提出した博士学位論文『日本語会話における共感の仕組み―自慢・悩み・不満・愚痴・自己卑下の諸相―』をもとに2017 年・2019 年・2020 年・2021 年に収録した会話データを追加し、加筆修正したものである。

　2019 年〜 2021 年に行った調査は、日本学術振興会 科学研究費基金（若手研究）「共感的反応からみる日本語会話のモデル開発」（課題番号 19K13241：代表者 釜田友里江）の助成を受けたものである。

・第 5 章　釜田友里江 (2023).「会話の中でみられる愚痴の継続と終え方―聞き手の共感の仕方に着目して―」『神田外語大学日本研究所紀要』15, 179–203 に加筆・修正を加えた。
・第 6 章　釜田友里江 (2022).「日本語の自己卑下発話の連鎖」『神田外語大学日本研究所紀要』14, 155–180 に加筆・修正を加えた。
・第 7 章　釜田友里江 (2023).「愚痴のやりとりにおける「それな」の特徴―大学生の会話に着目して―」『神田外語大学紀要』35, 231–251 に加筆・修正を加えた。

　本書の出版にあたり、日本学術振興会の 2023 年度研究成果公開促進費（課題番号 23HP5055）を得た。

　多くの方々のご指導とご協力により、執筆することができました。本研究のデータ収集に快く応じてくださった研究協力者のみなさまにお礼を申し上げます。みなさまのご協力がなければ、この研究を始めることも続けるこ

できませんでした。

　本書の元となる博士論文は、名古屋大学の杉村泰先生にご指導いただき、完成したものです。修士課程から博士論文の提出まで長きにわたって大変お世話になりました。また、博士論文の副査をしてくださった名古屋大学の玉岡賀津雄先生（現上海大学教授）と鷲見幸美先生にも懇切丁寧なコメントとご指導をいただきました。心よりお礼を申し上げます。

　会話分析を専門とされる京都大学の横森大輔先生との出会いは、私にとって非常に幸運でした。会話分析について、右も左もわからない私でしたが、横森先生が正しい方向へと導いてくださいました。また、多くの貴重な勉強の機会を与えてくださり、深く感謝申し上げます。会話分析研究会では、貴重なご指導、ご助言を賜りました。ご指導、ご助言をいただいた全てのみなさまに、この場をお借りして心よりお礼申し上げます。

　本書の出版にあたっては、くろしお出版の池上達昭さんに大変お世話になりました。感謝申し上げます。

　最後に、常に温かく見守り、応援してくれた家族に心より深く感謝します。

2024 年 3 月
釜田友里江

参考文献

伊丹美紀・大蔵雅夫 (2014).「愚痴のイメージと心理的影響」『徳島文理大学研究紀要』88, 93–101.

一般社団法人シルバーサービス振興会 (2019).『外国人技能実習生(介護職種)のためのよくわかる介護の知識と技術　指導の手引き』中央法規出版, 49.

今田恵美 (2015).『対人関係構築プロセスの会話分析』大阪大学出版会.

梅棹忠夫・金田一春彦・阪倉篤義・日野原重明 (監修) (1995).『講談社 カラー版 日本語大辞典』第二版 講談社, 546.

梅田聡 (2014).「共感の科学―認知神経科学からのアプローチ―」板倉昭二・平田聡・千住淳・加藤元一郎・中村真 (共著) 梅田聡 (編)『共感 岩波講座コミュニケーションの認知科学 2』岩波書店, 1–29.

岡田卓也 (2004).「愚痴に関する一考察―その精神力動と関係性―」『臨床心理学研究』(2), 47–63.

釜田友里江 (2017).「「自慢」はどのように継続されるのか―語り手の期待と聞き手の反応の観点から―」『日本語言文化研究』大連理工大学出版社, 6, 61–68.

釜田友里江 (2018).「「愚痴」に対する共感表明―「愚痴」の語り方と聞き手の反応の観点から―」村田和代 (編)『聞き手行動のコミュニケーション学』ひつじ書房, 263–283.

金田一春彦・金田一秀穂 (編) (2012).『学研 現代新国語辞典』改訂第五版 学研教育出版.

串田秀也 (2001).「私は―私は連鎖―経験の「分かちあい」と共―成員性の可視化―」『社会学評論』52 (2), 214–232.

串田秀也 (2013).「第 1 章 言葉を使うこと」串田秀也・好井裕明 (編)『エスノメソドロジーを学ぶ人のために』世界思想社, 18–35.

串田秀也 (2017).「第 2 章 行為の構成と理解」串田秀也・平本毅・林誠 (編)『会話分析入門』勁草書房, 28–50.

黒嶋智美 (2013).「第 8 章 経験の固有性を認める共感」西阪仰・早野薫・須永将史・黒嶋智美・岩田夏穂 (編)『共感の技法―福島県における足湯ボランティアの会話分析』勁草書房, 127–139.

見坊豪紀・市川孝・飛田良文・山崎誠・飯間浩明・塩田雄大 (編) (2022).『三省堂国

語辞典』第八版 三省堂.

崔東花 (2009).「不満表明とそれに対する応答―中国語母語話者と日本語母語話者を比較して―」『多文化接触場面の言語行動と言語管理』7, 43–63.

澤田瑞也 (1992).『共感の心理学』世界思想社.

宍戸彩花 (2014).『若年層流行語「それな」の方言性と使用実態』関西大学文学部総合人文学科卒業論文.

新村出 (編) (2008).『広辞苑』第六版 岩波書店.

新村出 (編) (2018).『広辞苑』第七版 岩波書店.

杉浦秀行 (2011).「「強い同意」はどのように認識可能となるか―日常会話における同意ターンのマルチモーダル分析―」『社会言語科学』14 (1), 20–32.

全鍾美 (2016).「自己卑下呈示の出現における日韓対照研究―女子大学生間の初対面会話を中心に―」『日本學報』108, 23–48.

高木智世・細田由利・森田笑 (2016).『会話分析の基礎』ひつじ書房.

田中妙子 (2002).「会話における共感表明発話」『日本語と日本語教育』30, 慶応義塾大学 日本語・日本文化教育センター, 51–60.

大坊郁夫 (2012).「対人関係における配慮行動の心理学―対人コミュニケーションの視点」三宅和子・野田尚史・生越直樹 (編)『シリーズ社会言語科学 1「配慮」はどのように示されるか』ひつじ書房, 91–112.

張承姫 (2014).「相互行為としてのほめとほめの応答―聞き手の反応ずらしの応答に注目して―」『社会言語科学』17 (1), 98–113.

筒井佐代 (2012).『雑談の構造分析』くろしお出版.

戸江哲理 (2008).「糸口質問」『社会言語科学』10 (2), 135–145.

永野美菜 (2017).「韓国語母語話者を含む日本語日常会話における褒めと自己卑下の連鎖―会話分析の視点から―」『神奈川大学大学院言語と文化論集』23, 1–95.

西阪仰 (2008).「トランスクリプションのための記号」
http://www.meijigakuin.ac.jp/~aug/transsym.htm (閲覧日 2023 年 10 月 5 日).

西阪仰・早野薫・須永将史・黒嶋智美・岩田夏穂 (2013).『共感の技法―福島県における足湯ボランティアの会話分析』勁草書房.

西阪仰 (2013).「第 7 章 飛び越えの技法―「でも」とともに導入される共感的反応」西阪仰・早野薫・須永将史・黒嶋智美・岩田夏穂 (編)『共感の技法―福島県における足湯ボランティアの会話分析』勁草書房, 113–126.

日本語記述文法研究会 (編) (2003).『現代日本語文法 4 – 第 8 部 モダリティ』くろしお出版.

野中進 (2001).「愚痴について (バフチンの「ことばのジャンル」論より)」『埼玉大学紀要』37 (2), 61–79.

野中進 (2007).「4「意見しないでよ」愚痴と文学」柴田元幸 (編著)『文字の都市―世界の文学・文化の現在 10 講』東京大学出版会, 63–84.

原田純治・林南実 (2017).「属性あるいは能力賞賛に対する自己卑下的呈示に対する研究」『長崎大学教育学部紀要』3, 141–149.

春木豊 (1975).「Ⅰ 共感の研究」春木豊・岩下豊彦 (編)『共感の心理学』川島書店, 1–9.

早野薫 (2013).「第 5 章 態度のすりあわせ―「共感」はどのように形成されるのか」西阪仰・早野薫・須永将史・黒嶋智美・岩田夏穂 (編)『共感の技法―福島県における足湯ボランティアの会話分析』勁草書房, 83–95.

早野薫 (2013).「第 11 章 不満・批判・愚痴を述べるということ」西阪仰・早野薫・須永将史・黒嶋智美・岩田夏穂 (編)『共感の技法―福島県における足湯ボランティアの会話分析』勁草書房, 173–187.

平本毅 (2011).「他者を「わかる」やり方にかんする会話分析的研究」『社会学評論』62 (2), 153–171.

福原祐一 (2010).「フェイス・ワークとディスコース・マーカーの用法拡張―文末表現「じゃん」の分析を例にして―」『ヒューマン・コミュニケーション研究』38, 159–172.

ホフマン. L. Martin (2001).『共感と道徳性の発達心理学』菊池章夫・二宮克美 (訳) 川島書店.

堀尾佳似 (2022).『若者言葉の研究―SNS 時代の言語変化―』九州大学出版会.

牧原功 (2008).「不満表明・改善要求における配慮行動」『群馬大学留学生センター論集』7, 51–60.

増井金典 (2012).『日本語源広辞典』[増補版] ミネルヴァ書房, 289.

松村明 (編) (2006).『大辞林』第三版 三省堂.

宮崎里司・中野玲子・早川直子・奥村恵子 (2017).『外国人介護職への日本語教育法―ワセダバンドスケール (介護版) を用いた教え方―』日経メディカル開発.

安井永子 (2012).「接続詞「でも」の会話分析研究―悩みの語りに対する理解・共感の提示において―」『名古屋大学文学部研究論集』57, 87–100.

安井永子・杉浦秀行・高梨克也 (2019).『指さしと相互行為』ひつじ書房.

吉田綾乃 (2012).「関係性と自己呈示領域が自己卑下的な自己呈示に対する反応傾向に及ぼす影響」『東北福祉大学大学院研究論文集総合福祉学研究』9, 31–41.

吉田綾乃・浦光博・黒川正流 (2004).「日本人の自己卑下呈示に関する研究―他者反応に注目して―」『社会心理学研究』20 (2), 144–151.

吉富千恵 (2011).「日本人の卑下的呈示行動に関する検討―発話者の身内を卑下する動機と聞き手の返答および印象―」『対人社会心理学研究』11, 81–87.

李善姫 (2006).「日韓の「不満表明」に関する一考察―日本人学生と韓国人学生の比較を通して―」『社会言語科学』8 (2), 53–64.

渡辺夏奈「「ゆうて」「それな」SNS で流行、関西弁が語源?」『日本経済新聞』2019 年 10 月 15 日電子版.

Altman, I. & Taylor, D. A. (1973). *Social Penetration*. New York: Holt, Rinehart & Winston.

Atkinson, J. M. & Heritage, J. (1984). *Structures of Social Action: Studies in Conversation Analysis*. Cambridge: Cambridge University Press.

Davis, M. H. (1996). *Empathy: A Social Psychology Approach*. Madison, WI: Brwon &

Benchmark.

Drew, P. & Walker, T. (2009). Going too far: Complaining, escalating and disaffiliation. *Journal of Pragmatics*, 41(12), 2400–2414.

Dymond, R. F. (1948). A preliminary investigation of the relation of insight and empathy. *Journal of Consulting Psychology*, 12, 228–233.

Eisenberg, N. & Fabes, R. A. (1990). Empathy: Conceptualization, measurement, and relation to prosocial behavior. *Motivation and Emotion,* 14(2), 131–149.

Galato, A. (2005). *Compliments and Compliment Response: Grammatical Structure and Sequential Organization* 5. Philadelphia: John Benjamins.

Goodwin, C. & Goodwin, M. H. (1987). Concurrent operations on talk: Notes on the interactive organization of assessments. *IPRA Papers in Pragmatics*, 1(1), 1–52.

Hayano, K. (2011). Claiming epistemic primacy: Yo-marked assessments in Japanese. In T. Stivers, L. Mondada & J. Steening (Eds.), *The Morality of Knowledge in Conversation*. Cambridge, UK: Cambridge University Press, 58–81.

Heritage, J. (2011). Territories of knowledge, territories of experience: Empathic moments in interaction. In T. Stivers., L. Mondada & J. Steensig (Eds.), *The Morality of Knowledge in Conversation.* Cambridge: Cambridge University Press, 159–183.

Hoffman, M. L. (1977). Sex differences in empathy and related behaviors. *Psychological Bulletin*, 54, 712–722.

Jefferson, G. (1988). On the organization of troubles-talk in ordinary conversation. *Social Problems*, 35(4), 418–441.

Kim, M. -H. (2014). Why self-deprecating? Achieving 'oneness' in conversation. *Journal of Pragmatic*, 69, 82–98.

Köhler, W.(1929). *Gestalt Psychology*. New York: Liveright.

Kuroshima, S. & Iwata, N. (2016). On displaying empathy: Dilemma, category, and experience. *Research on Language and Social Interaction*, 49(2), 92–110.

Mondada, L. (2007). Multimodal resources for turn-taking: Pointing and the emergence of possible next speakers. *Discourse Studies,* 9(2), 194–225.

Nishizaka, A. (2016). The use of demo-prefaced response displacement for being a listener to distressful experiences in Japanese interaction. *Text & Talk,* 36(6), 757–787.

Pomerantz, A. (1978). Compliment responses: Notes on the co-operation of multiple constraints. In J. Schenkein (Ed.), *Studies in the Organization of Conversational Interaction*. London: Academic Press, 79–112.

Pomerantz, A. (1984). Agreeing and disagreeing with assessments: Some features of preferred/dispreferred turn shapes. In J. M. Atkinson & J. Heritage (Eds.), *Structures of Social Action: Studies in Conversation Analysis*. Cambridge: Cambridge University Press, 57–101.

Pomerantz, A. (1987). Compliment responses: Notes on the co-operation of multiple constraints. In J. Schenkein (Eds.), *Studies in the Organization of Conversational*

Interaction. London: Academic Press, 79–112.

Redmond, M. V.(1989). The functions of empathy (decentering) in human relations. *Human Relations*, 42(7), 593–605.

Sacks, H.(1970/1992). Lecture 4, spring 1970. In H. Sacks, *Lectures on Conversation*. Oxford, UK: Basil Blackwell.

Sacks, H.(1987). On the preferences for agreement and contiguity in sequences in conversation. In G. Button & J. R. Lee (Eds.), *Talk and Social Organization*. Clevedon, UK: Multilingual Matters, 54–69.

Sacks, H.(1992). *Lectures on Conversation*, Vol. 2. Oxford: Basil Blackwell.

Schegloff, E. A. & Sacks, H.(1973). Opening up closings. *Semiotica, 8*, 289–327.［シェグロフ・サックス(1989)「会話はどのようにして終了されるのか」サーサス・ガーフィンケル・サックス・シェグロフ『日常性の解剖学―知と会話―』北澤裕・西阪仰(訳)マルジェ社, 175–241.］

Schegloff, E. A.(1993). Reflections on quantification in the study of conversation. *Research on Language and Social Interaction*, 26 (1), 99–128.

Schegloff, E. A.(2007). *Sequence Organization in Interaction: Volume 1: A Primer in Conversation Analysis*. Cambridge: Cambridge University Press.

Schenkein, J.(1978). *Studies in the Organization of Conversational Interaction.* London: Academic Press.

Sidnell, J. & Stivers, T.(2012). *The Handbook of Conversation Analysis*. West Sussex: Wiley-Blackwell.

Speer, A. S.(2012). The interactional organization of self-praise: Epistemics, preference organization, and implications for identity research. *Social Psychology Quarterly*, 75(1), 52–79.

Stotland, E.(1969). Exploratory investigations of empathy. In L. Berkowitz(Ed.), *Advances in Experimental Social Psychology*, 4. New York: Academic Press, 271–314.

Stivers, T., Mondada, L. & Steensig, J.(2011). *The Morality of Knowledge in Conversation*. Cambridge: Cambridge University Press.

Wispé, L.(1986). The distinction between sympathy and empathy: To call forth a concept, a word is needed. *Journal of Personality and Social Psychology*, 50 (2), 314–321.

索　引

著者

釜田友里江（かまた ゆりえ）

名古屋大学大学院国際言語文化研究科博士後期課程 満期退学。
博士（文学）。
早稲田大学、静岡大学などの非常勤講師を経て、現在、神田外語大学
グローバル・リベラルアーツ学部講師。
専門分野は社会言語学、日本語教育。
主要論文に「日本語学習者の日本語学習に関する自己評価の語り方
—中国の大学で日本語を学ぶ学生と教師の相談場面に焦点を当て
て—」『日本語／日本語教育研究』2020、「交流場面における経験の語
りと共感的な反応の特徴—海外で日本語を学ぶ学生と日本の大学に通
う日本人大学生の会話—」『待遇コミュニケーション研究』2024 など
がある。

日本語会話における
自慢・愚痴・自己卑下と共感についての研究
—共感が対人関係構築に果たす役割—

初版第1刷————2024年 3月31日

著　者————釜田 友里江

発行人————岡野秀夫
発行所————株式会社くろしお出版

〒102-0084　東京都千代田区二番町4-3
［電話］03-6261-2867　［WEB］www.9640.jp

印刷・製本　シナノ書籍印刷　　装丁　仁井谷伴子　　装画　なかむら葉子